绿叶三十年 与时代同行

孙向彤 主编

文汇出版社

主　编

孙向彤

编　委

顾大文	姚赟勤	王东雷	李宗强
马　莉	金　山	范冬虹	王金海
顾　洁	颉　宁	洪卫林	陆　彦
刘成学	刘　君	冯光华	张　菲

序

　　上海教育电视台自 1994 年 2 月 27 日开播以来，在市委、市政府及有关部门的正确指导下，在广大观众的热情支持下，特别是在上海教育电视台全体员工的不懈努力下，为上海经济、文化、社会发展，为科教兴国战略方针的贯彻实施，为学习型社会的建设，为提高上海市民文化素养，发挥了重要的作用。

　　回望 30 年，上海教育电视台充分挖掘教育电视的传媒优势，坚持正确舆论导向，坚持教育特色，不忘初心、砥砺前行，创作了大量脍炙人口的经典作品，获得了广电系统、教育系统的许多重大奖项。上海教育电视台业已成为全国一流的教育电视台之一。

　　在媒体融合蓬勃发展的崭新时代中，上海教育电视台百尺竿头，更进一步，努力探索教育传媒可持续健康发展的新路。她为德智体美劳"五育并举"积极开发优质节目内容；为缓解家长教育焦虑打造专家课堂；为青年朋友送上丰富多彩的科普节目；为老年观众传递健康养生的正确观念；为弱势群体送去社会的关爱和帮助。

上海教育电视台与上海这座城市共同成长，上海新一轮高质量发展也必将为上海教育电视台创造更多、更新、更大的发展机遇。希望上海教育电视台全体员工守正创新、奋楫扬帆、接续奋斗，努力为建设文化强国、建设中华民族现代文明，发挥更大的作用！

许四娟

上海市人民政府原副市长
二〇二四年元旦

目录

时光 /059

印迹 /231

寄语

JIYU

我与上海教育电视台的不解之缘

上海教育电视台迎来开播30周年，这是值得庆祝的一件事。回首30年前，一批对教育事业有理想、有远见的同仁积极奔走呼号，终于促成教育电视台的顺利开播。当时我有幸见证了那极富历史意义的一刻，也由衷地感到高兴和自豪，因为教育电视台的创建，是教育应有社会地位和意义价值得到彰显的有力证明，更是打破人们"学校办教育"的固有认知、让教育融入全民的开放之举。

2022年，教育电视台为我拍摄了纪录片《大先生》。起初，我是有顾虑的，我就是一名普通的人民教师，但节目组多番坚持，我还是决定配合他们的工作。从策划筹备到拍摄成片，历经了一年多的时间，其间，教育台编导组7次登门专访，问了我各类问题，我逐一作了介绍。让我们没想到的是，节目组还走访京沪苏浙等地，采访了我的师生、亲友20余人。最终呈现出的100分钟纪录片，勾起了我很多美好的回忆，再次感谢教育电视台对此的倾力付出。

寄语

其实，作为一名教师，我和上海教育电视台可以说是相伴成长的。20世纪90年代，为了能更加便捷、高效地向广大中小学生和他们的家长展示学习方法，我走进上海教育电视台《ETV家庭教师》栏目，讲授如何"妙笔生辉"写好作文。开台之初的教育电视人，面临场地和经费的两大难题，只好在复旦大学一间教室里搭建了临时演播棚。可就在那里，就在摄像机镜头前，我仿佛看到了电视荧屏那端千千万万的学生和家长，不禁逸兴遄飞：我带领他们遨游广阔的写作天地，体察五彩缤纷的自然和社会生活，感受用心思、花力气做文章的苦与乐。讲了大大小小数不清的课，这无疑是我人生中一次难得的体验。而且所有节目内容都向观众免费提供，能为更多的学生和家长排忧解难，让他们享受平等优质的教育，拥有切切实实的获得感，这是我做教师的初心，也是教育电视人的初心。

心心相印，自是美美与共。进入21世纪，教育电视台在人才和设施建设上都大跨步前进，灯光汇聚之处、风云谈笑之中，我仍在不断地收获美好。记忆犹新的，是2010年世博会期间，我担任上海教育电视台《世博一课》特别节目的首讲嘉宾，在园区内实景录制，与观众分享中国馆的"镇馆之宝"——《清明上河图》。这幅传世名画描绘清明时节北宋汴京繁盛热闹的景象，原本静卧于绢布之上的飞桥流水、车轿舟船，却在现代科技的帮助下"动"了起来，再现900年前的中国城市风貌。记得当时拍摄现场的客流非常大，我们现场录制讲解了清明上河图的背景内涵，很多游客都驻足在现场听讲。抚今追昔，思考未来，这不正是上海世博会主题"城市,让生活更美好"的内蕴所在？不正是激发人们的民族自尊心和自信心、加强文化认同的最好载体吗？我们的教育其实不只在课堂，也在历史的现场，在生活的当下，在无尽的畅想，而电视艺术恰恰能调动最多的元素，让我们即便"身不逢时"，也能体会到那一刻的精彩。

　　行文到此，我对教育电视人提出的那句口号"为教育插上电视的翅膀，让电视播洒教育的阳光"，更多了几分感怀。当然，阳光之下不全然是明媚一片，需要媒体去关注、去"驱散阴霾"。我一直认为，教育是一项需要全社会参与的系统工程。祝愿教育电视台继续聚焦我们的青少年学生、青年教师以及家庭教育，守护好办台初心，开展好教育服务，就势必能让"电视的翅膀"变得更硬，飞得更高、更远。对此，我满怀信心，也无比期待。

于漪

人民教育家

寄语

坚守初心 30 年 祝绿叶台常"青"

1994 年 2 月 27 日，在市委、市政府的关心、领导下，以绿叶为标识的上海教育电视台正式开播。吴邦国同志题写台名，陈至立同志出席仪式。30 年来，从菁菁校园到万家灯火，从新闻报道到品牌活动；从诗书文化到科创之光，从天天健康到社会公益，上海教育电视台始终服务于申城市民的教育文化生活，成为申城的一道文化风景。这片绿叶和这座城市，枝脉相连，根系相通。

真理力量伟大，榜样力量无穷。面对有些媒体的泛娱乐化倾向，绿叶台始终坚持不跟风，不盲从，不因"热闹"而追捧，不因"寂寞"而放弃。依然坚定初心，坚持传承和弘扬中华优秀文化，践行社会主义核心价值观，大力宣传时代楷模，努力打造一系列博雅人文的精品电视节目，彰显绿叶人的文化追求。

2022 年，上海教育电视台倾力制作了大型系列纪录片《大先生》，"对焦"德高学深，从草根教师到人民教育家——于漪老师。同时，还出版了融媒书《大先生于漪》，我应约为该书写了序。导演组的同志向我介绍，在一年多筹备和拍摄中，于漪先生接受了节目组 7 次登门专访，录制了大量宝贵的口述素材。与此同时，节目组还走访京、沪、苏、浙等地师生、亲友 20 余人，采制 30 小时珍贵口述史料，整理 50 余年珍贵影像资料，真实再现了这位师者楷模的世纪人生。教育电视台为了这部纪录片的真诚付出，让我很感动，也正因倾注真情实感，讲述真人真事，这部纪录片才能打动人心。

以"大先生"为于漪老师的纪录片和书籍命名也十分贴切。于漪就是时代呼唤的"大先生"，是既精通专业知识的"经师"，又涵养德行的"人师"，是传道授业解惑的"经师"和"人师"的统一者。她以模范行为影响和教育学生，是学生为学、为事、为人的"大先生"。

多年来，上海市教育发展基金会组织了"于漪教育思想诵写讲"活动，通过诵写讲三种形式，形象、广泛、立体地展现了人民教育家于漪老师的思想精髓。编纂了《于漪全集》《于漪教育教学思想概要》《于漪人文教育思想论文集》等等。其中《于漪教育教学思想概要》12 讲已经成为上海青年教师培训的基本教材。近期，基金会组织编写出版了《于漪传》，受到了教育界的欢迎和社会的好评。可以说，这是一部于漪先生的大传。于漪先生的传记，就是一部反映新中国基础教育发展史，一部中国教师学发展史，《于漪传》将发挥存史、育人、资政、

培根铸魂、启智增慧的作用。

于漪是大先生，是我们这个时代标志性的人物。于漪老师关于教育、教学、教师的真知灼见，她对孩子健康成长所发出的"于之问""于之忧""于之答"，对新时代教育发展有着重要的启迪作用，弥足珍贵。三十而立正青春，衷心期望教育电视台坚持"立足教育，服务社会"的初心，沉下心来，打造更多像《大先生》这样具有思想性、艺术性、观赏性的精品力作，为一流城市一流教育作出更大的贡献。

贴近生活，贴近实际，贴近教育，紧跟时代步伐，出正品、出精品，我希望教育电视台能够不断创新传播方式和手段，深入挖掘教育资源，相信在全体同仁的共同努力下，教育电视台一定会迎来更加美好的未来。

王荣华

上海市教育发展基金会理事长

在担当新的文化使命中阔步向前

时光流转，岁月如歌。在新时代的宏大叙事与微观实践里，在一代代绿叶人满怀激情与艰苦奋斗的探索奔赴中，上海教育电视台即将迎来属于自己 30 岁的生日。30 年间，上海教育台以"立足教育、服务社会"的办台宗旨，大力宣传党和国家教育方针政策，深入贯彻落实我市教育系统重要决策部署，聚焦上海教育、卫生事业发展成就，热情讴歌教育、卫生战线先进人物和模范典型，用一部部有温度、有态度的荧屏作品传递温暖，持续增强公共文化服务能力，让正能量更强劲、主旋律更高昂。

上海是一座红色城市，是党的诞生地和改革开放的前沿阵地，有着丰富的红色文化资源，作为省级专业教育传媒平台，上海教育电视台多年来扎根申城热土，讲好教育故事，记录时代、书写时代、讴歌时代，将红色文化赓续传承。2019 年 3 月 18 日，习近平总书记在学校思想政治理论课教师座谈会上发表重要讲话，他强调："思想政治理论课是落实立德树人根本任务的关键课程。"立足新发展阶段，贯彻新发展理念，上好"大思政课"既是习近平总书记的殷切嘱托，

寄语

9

更是当下作为主流教育媒体必须肩负起的责任和使命。

为此，上海教育电视台紧扣"大思政"命题，充分发挥教育媒体在新时代立德树人、价值引领中的主导作用，精心制作、适时推出了多档荧屏思政节目，让党史、党课贴近广大观众。由中国浦东干部学院、上海开放大学主办，中国浦东干部学院教学研究部和上海教育电视台联合打造共同推出的《习近平谈治国理政》第四卷导读专栏，充分运用电视化手段宣传讲述一系列原创性治国理政新理念、新思想、新战略，节目逻辑清晰、说理透彻，运用丰富的影视资料和群众喜闻乐见的形式，以最接地气、最有温度的表达，讲清讲实讲透重大理论观点，回应社会普遍关心关切的问题，增强思政课的思想性、理论性和亲和力，集中突出了"学习"的鲜明特质。

"一切为了学习者，为了一切学习者"是上海开放大学的办学宗旨，而这也正与上海教育电视台开播30年来"立足教育，服务社会"的办台宗旨遥相呼应。多年来，我们共同致力于帮助广大市民树立终身学习的观念，让学习成为一种追求、一种爱好、一种健康的生活方式。2019年10月1日，《周末开大课》（第二季）于国庆期间亮相荧屏，"课堂"上有精心遴选的"体育中国""经济中国""健康中国""法治中国""工匠中国""能源中国""师道中国"和"学习中国"等8个主题，由当时正在进行"不忘初心，牢记使命"主题教育的沪上8所高校的党委书记或校长担当主讲，我也很荣幸作为主讲嘉宾在其中与大家探讨终身学习之于人生意义的重要课题。

承载着"在学生心灵埋下真善美的种子"的神圣使命，做好荧屏大思政课，不仅要领悟"大"之要义，还要有大历史观。习近平总书记曾用"三个必然要求"深刻阐明党史学习教育的重大意义，他强调"这是牢记初心使命、推进中华民族伟大复兴历史伟业的必然要求，是坚定理想信念、在新时代坚持和发展中国特色社会主义的必然要求，是推进党的自我革命、永葆党的生机活力的必然要求"。2021年5月27日，庆祝中国共产党成立100周年特别节目《百年青春潮》在上海教育电视台热血开播。真挚动人的画面，年轻态的视听表达，引发全网、荧屏共振，年轻共燃。节目紧扣党史学习教育主题，面向全市高校，征集、遴选青春讲述人，以百个历史人物、百段青春故事、百部红色影片、百句奋斗箴言，讲好党的初心故事，借助不同高校青年的特色讲述，生动形象呈现出他们眼中先辈们的"闪光时刻"，将带有"距离感"的英雄伟人以多元的艺术表现形式再现真实情境，层层烘托红色年代下时当盛年的英雄伟人"抉择""出发""奋斗"的动因，在历史与现实的交织中，青年们汲取力量，获得共鸣。

从读懂中国共产党到读懂新时代，习近平总书记多次强调，"'大思政课'我们要善用之，一定要跟现实结合起来。"上海教育电视台抓住了这个命题，精心打造推出《让历史告诉未来——

寄语

学习贯彻十九届六中全会决议专题》，通过中国浦东干部学院的专家解读，将宏大叙事与重点阐释相结合，将党的创新理论所蕴含的普遍规律、思想内涵和价值观念作为精神给养，帮助我们更全面地掌握全会决议精神，更深入地走近百年党史，更直观地解锁中国共产党成功的密码，也让青年一代加深对新时代的认识和理解，坚定道路自信、理论自信、制度自信和文化自信，在浓厚的学习氛围中，深刻感悟习近平新时代中国特色社会主义思想的实践伟力。

30年，一段峥嵘岁月；30年，一曲奋斗之歌。回望过去，行进的路上记录着上海教育电视台锐意进取、开拓创新的历程。现如今，随着广电改革、媒体融合进入深水区，上海教育电视台紧跟新时代，大力运用新技术、新机制、新模式构建教育全媒体传播体系，迈出了媒体深度融合的发展步伐，进一步提升主流媒体服务大众的综合能力。不忘初心，方得始终，用历史映照现实，才能更清晰地远观未来，在绿叶开播30周年来临之际，期许上海教育电视台创作、生产、传播出更多思想精深、艺术精湛、制作精良、人民群众喜闻乐见的优秀作品，不断擦亮绿叶品牌，更好汇聚起奋进新征程、建功新时代的磅礴伟力，祝福教育台明天会更好！

楼军江

上海开放大学党委书记

1994 年 2 月 27 日，上海教育电视台举办《沁园春》开播晚会。

寄语

初心如磐，弦歌不辍，
谱写新时代教育文化传播新篇章

1994 年 2 月 27 日，以一枚绿叶为标识的上海教育电视台在改革开放的浩荡东风中，于黄浦江畔成立首播，开启了拥抱数字时代、改革创新求索的奋进历程。三十载初心如磐，三十载弦歌不辍。在上海教育电视台成立 30 周年之际，我谨代表上海交通大学医学院对上海教育电视台全体职工致以最热烈的祝贺。

三十载鎏金岁月，奏响教育凯歌。 30 年前，上海教育电视台克服成立之初场地和经费的双重困难，顺利让教育节目通过屏幕走进了千家万户，为广大学生和家长答疑解惑，让上海市民通过小小的电视机享受到了公平优质的教育资源。"海纳百川、追求卓越、开明睿智、大气谦和"的上海城市精神孕育了上海教育电视台甘为绿叶、诲人不倦的高尚品格。上海教育电视台成立以来，始终坚持"立足教育、服务社会"的定位；始终秉持"开门办台"的理念，深耕教育、服务民众，打造了《教视新闻》《健康大不同》《名师面对面》《十万个为什么》《公共安全教育开学第一课》《爱·上海的温度》《空中课堂》《银龄宝典》等一批涵盖教育、健康和公益等方面的高质量节目；始终服务于人民群众的教育文化生活，成为上海电视频道中独具特色的靓丽品牌。

三十载立德树人，建设健康中国。上海交通大学医学院以"报效祖国，服务人民"为办学使命，坚持立德树人根本任务，为党育人，为国育才，不断完善卓越医学创新人才培养体系。上海交通大学医学院拥有127年的办学历史，71年的建院史；拥有200余位两院院士和国家级人才，2021年以来新增了91位国家级人才；临床医学、基础医学和口腔医学位列全国顶尖学科；拥有7个国家级医学中心，12家附属医院，为我国医疗卫生事业做出了重要贡献。当前，上海交通大学医学院正对接"健康中国"国家战略，建设世界一流医学院和一流医学学科。

长期以来，上海教育电视台充分发挥资源优势，为上海交通大学医学院师生和医务员工提供了弘扬精神、展示文化和交流学术的高水平媒体平台，携手共同唱响主旋律，传播正能量。2020年4月，我做客上海教育电视台《周末开大课》节目，以《医者仁心，家国情怀——一所医学院服务国家的使命与担当》为主题授课，讲述了上海交通大学医学院师生和医务员工在抗击新冠疫情的斗争中，不畏艰险奔赴前线，全心全意治病救人，展示了高尚医德和精湛医术，展示了学院精神和医疗水平，展

寄语

示了为人民健康和医学事业奋斗的初心和使命。当前，上海教育电视台不断丰富节目的文化内涵，打造国内首档大型健康科普电视脱口秀节目——《健康脱口秀》，以满足人民群众健康需求为导向，以提升人民群众健康素养为目标，鼓励广大医务人员积极投身健康促进活动，用健康金句传递健康科普知识，推动全媒体健康科普知识发布和传播水平迈上了新台阶。

三十载风华正茂，铸就辉煌未来。从小小的教室内建设简陋的摄影棚，到如今为三万平方公里的一亿多观众每天提供教育、文化和健康类的精彩节目，上海教育电视台守正创新，砥砺前行，已经跻身于全国一流教育电视台的行列。衷心期望上海教育电视台站在新的历史起点上，始终高举中国特色社会主义伟大旗帜，"眼纳千江水，胸起百万兵"，不断增强新时代媒体的引领力、传播力和影响力，坚持正确舆论导向，发挥桥梁纽带作用，全面提升传播效能，为人民群众提供内涵丰富、专业优质的教育与健康信息，以昂扬的姿态、坚实的步伐，踔厉奋发，勇毅前行，我们勠力同心，为建设教育强国、科技强国、人才强国和健康中国，作出新的更大的贡献。

范先群

中国工程院院士

上海交通大学副校长

上海交通大学医学院院长

绿叶三十年，与时代同行

上海教育电视台成立于 1994 年，那一年是我回到上海工作的第二年。偶尔打开电视，看到一个绿叶台标的频道，让我印象深刻。医生的职业有时也像一片绿叶，赋予生命以健康。所以虽然后来知道这个电视频道就是上海教育电视台，但还是爱称它为"绿叶"电视台。

没想到没过几年，我也与上海教育电视台结了缘。我是一位临床医生，在看门诊，查病房时要经常解答"糖友"的许多问题，比如，"贾医生，有人说糖尿病患者不能吃水果，你说对不对啊？每天需要运动多长时间呀？糖尿病会遗传吗……"。看来做好科普真是很重要呢。上海教育电视台就是给民众宣传及传递健康知识的重要平台。我记得 2001 年 9 月，我第一次参加了教育电视台"健康热线"直播节目。我很喜欢电视台的主持人周荃，她恬静美丽，端庄大方，尤其是有较深厚的医学知识功底，彼此间的沟通，一点就明，每期的节目都很流畅，观众的点赞率很高。随后上海第六人民医院内分泌科的专家们

也就成了为人民送健康的"绿叶"电视台的常客。教育电视台不仅请医生们"上台",更是创新了传播新模式,进医院,下基层拍摄专题片。我记得在2017年11月的联合国糖尿病日宣传期间,电视台"健康大不同"栏目邀请我和团队"上海市糖尿病预防和诊治服务体系建设项目"的主要成员拍摄了专题片,并邀请社区卫生服务中心的家庭医生以及社区居民一起参与讨论糖尿病防治话题,对推进上海市医防融合糖尿病的管理工作发挥了很大作用。

这么多年过去了,我也有所进步,从在电视台做科普节目升格到做专题的评委,我曾与曹可凡同台,担任"健康演说家"的评委;与葛均波院士一起,做"健康脱口秀"第二季决赛的点评嘉宾……带给我最大的喜悦和骄傲是医疗行业多才子,一群专业又可爱的年轻医生,用非常接地气的方式进行健康科普,在幽默中解惑,在调侃中辟谣。在我的眼中,他们看病是名医,上台是明星,这不就是解决驱体痛苦和舒缓心理忧烦并举的典范吗?

习总书记指出,希望广大科技工作者要坚持四个面向,其中之一就是"要面向人民生命健康"。习总书记在2016年卫生健康大会上提出,对慢性病要以糖尿病、高血压等为突破口,推进"疾病治疗"向"健康管理"转变。慢性病以其高发病率、高致残率、高死亡率及高负担等特点严重威胁老百姓的健康,但如何将预防保健的正确方法有效地传达给普通大众,不能固化在传统的宣传方式，而是应该善于使用有效的、能快速触达大众，并被大众乐于接受的传播方式，不仅要让中老年人，更要让青年人了解到主动健康的必要性。因此跨界、跨学科、跨领域合作是未来的必然趋势。2023年10月上海交通大学成立了主动健康战略与发展研究院。在开展与主动健康相关的智库工作的同时，为提高民众的健康素养，增强健康管理的自我能力，开展了线上线下的健康课程、建立健康知识库，创新科普传递方法……

我喜爱上海教育电视台，我喜欢"绿叶"台标，这让我不由得想起上海道路两旁的梧桐树，"绿树阴浓夏日长"，好似每一个勤勤恳恳的耕耘者，不计回报。我常常和我的团队说，维护人民的生命健康就需要这样的绿叶精神，扎根基层，汲取营养，不忘初心。

值此上海教育电视台成立30周年之际，也是我在上海从医30周年。衷心祝愿上海教育电视台越办越好，继续发扬"绿叶精神"，服务于民、兴利于民、实干为民。也希望我们能有更多的合作，为开启主动健康新时代携手共进！

贾伟平

中国工程院院士

上海交通大学医学院附属第六人民医院主任医师

上海交大主动健康战略与发展研究院院长

寄语

1994年开办特色栏目《招生快讯》（后续改版为《招考热线》），开启为广大考生服务与沟通的"桥梁"。

在绿叶的陪伴中成长

记得第一次接受上海教育电视台采访是在 1995 年，那一年我作为上海年轻教师代表，获得了全国教育系统劳动模范称号，从此后，就与绿叶台结下了不解之缘。

作为一名年轻老师，我经常会打开电视先看 26 频道，绿叶台里许多经典节目，到现在还有印象。我在电视屏幕上听于漪等名师上课，还通过《招生快讯》来了解最权威的考试信息。由于对电视节目的特殊兴趣，还鼓励班级里的骨干学生，积极创办了学校学生电视台，自己制作节目，在中午时段全校教室里播放。这样，在绿叶台的陪伴下，我从一名普通的青年教师，逐步成为虹口区青年教师"十百千工程"中十人重点培养对象，并被评为中学高级教师、中学物理特级教师，担任了中学副校长，在参加市和区的一些活动时会接受绿叶台的采访。原先在镜头前会十分紧张，接受采访多了，逐渐变得更放松，并把自己的想法和做法能够用最精练的语言表达出来。

2022 年绿叶台制作"特级教师开课啦"公益活动，我作为首讲嘉宾，演讲的题目叫《育人地平线》，虽然离开学校和课堂已经很多年，但是一到教育电视台的摄制舞台上，面对着家长和孩子们，我马上回到了当年在学校里的情景，找到了做老师的感觉，因为，我深刻体会到，绿叶台是一个大平台，我在屏幕前的每一句话都有可能改变一个家长，帮助一个孩子，这就是媒体的力量，这也是教育的力量，更是 30 年来上海教育电视台一直得到广大学生和家长们关注喜爱的根本原因。

也是 1995 年，我加入了中国民主促进会，从此开启了作为一名党派成员的成长之路。在担任了两届区政协委员后，2002 年起连续 3 届当选为市人大代表，作为教育界的人大代表，从一名参政议政的新兵，到积极为教育改革发展鼓与呼的"明星代表"，绿叶台起到了十分关键的作用。每次召开市两会的时候，教育电视台的记者们必然会来找我，让我谈谈对审议政府工作报告的体会，对于热点的教育问题谈自己的想法。我也逐渐从被动接受采访，转变为主动找绿叶台记者，宣传自己关心的教育问题和建议、提案，从而通过媒体的放大效应，使自己的参政议政意见能够产生更好的效益。记得有一年我的一个人大建议案被列为议案，内容关于加快落实公建配套学校建设。市人大把历年来各区没有按照规定完成的公建配套学校做了梳理，后来列了 30 个必须年内开建的学校名单，并作为人大当年重点监督检查的事项，这个议案和人大的督促检查一直得到绿叶台的跟踪报道，相关区非常重视，最后基本完成了这30所学校的建设，缓解了学龄人口增长带来的结构性学校布局不足的矛盾。这个案例让我深刻体会到媒体对于人人和政协工作的重要性，也因此进一步增进了对绿叶台的感情。2018年起我担任全国政协委员，由于对进京参访全国两会的媒体有控制，绿叶台并不在进京参访的媒体之中，但是非常令人感动的是，绿叶台从来没有缺席两会的报道。到现在我还记得，在北京春寒料峭的室外，绿叶台的记者们一直在那里守候，在寒风中他们努力找寻每一个机会采访代表和委员，并把最新最真最热的信息传回到上海，让荧幕前忠实的绿叶观众们对全国两会有一个深入的了解。因为被绿叶台的记者们所感动，因此我会努力动员一些委员去宾馆外接受绿叶记者们的采访。特别是疫情3年，两会期间代表委员都是封闭管理的，这种情况下，我主动担任绿叶台的"委员记者"，配了自拍杆、辅助灯光，安装了视频处理和传输的软件，在全国两会期间拍一些视频，甚至会去采访姚明、杨扬、唐江彭等委员，把采访视频传给绿叶台。刚开始制作视频还不熟练，台里的记者会远程耐心地教我，如拍摄的技巧。在两会开会期间，绿叶台提出的采访要求总是有求必应，还积极参加《"育"见两会》《我想采访你》等两会特别栏目的采访或者视频连线。

2008～2014年我担任市教委基础教育处处长，去奉贤区人民政府工作一段时间后，2017年再回教委担任副主任。在教委工作期间，和绿叶台在教育行政工作上有了更多密切的关系，有一段时间我甚至把绿叶台的相关同志当成了基教处的一员，因为长时间与绿叶台的领导和记者们建立的良好关系，让我深深理解，在教育广受关注的变革期，善于用好媒体是教育行政工作十分重要的一部分。因此，市教委推出新的政策或者召开重要会议时，总会邀请绿叶台来参与报道，有时候还会安排一些深度访谈。比如在全国"爱眼日"里，在教育电视台专门制作了《有远见，不近视》的护眼直播节目，做好眼睛健康科普。积极主动地支持绿叶台围绕基础教育的重点难点问题，做一些服务家长和孩子们的节目。比如专门安排预算，在绿叶台推出了《育儿周周看》节目，组织专家针对从刚出生的婴儿开始，按照孩子的成长特点，每周拍一期有针对性的节目，取得了很好的效果。在一些重大问题或前沿领域，自己会到上海教育电视台与其他专家一起做一些访谈节目，记得和陈玉琨老师、王浩主任、张人利校长等很多专家一起上过绿叶台的屏幕，也和很多绿叶台的主持人们有互动，不仅仅起到了宣传效果，更是通过这些活动结交了朋友，加深了感情，留下了美好的体验。

现在我虽然已经调离教育系统到上海科技馆工作，但科技馆服务的主要对象还是青少年，做科普工作就是教育工作，所以依然是与绿叶台紧密相连的。我到了科技馆后创办了"科际穿越——科创校长空间站"活动，举办了多场博物馆奇妙夜活动，也总是积极邀请绿叶台来参与报道。相信未来一定会有更多更精彩的合作机会和思想碰撞的活动。

感谢绿叶台30年来的陪伴，更要感谢绿叶台30年来助力和见证上海教育改革与发展中所作的贡献，相信SETV的明天会更精彩！

倪闽景
上海科技馆馆长

寄语

因大直播结缘，助高考生成长

说到与上海教育电视台的交往，可以追忆到 15 年前。那时候，我在上海交通大学党委宣传部工作，因为负责学校新闻宣传，少不了和各类媒体打交道。印象中的上海教育电视台领导和记者特别实在，好打交道，但凡学校有什么需求，总是第一时间赶到现场，帮着策划如何拍摄与报道。尽管接触不少，但在宣传部工作的两年时间里，我并没有机会直接参与上海教育电视台的节目，甚至都没有正式登门拜访过。

后来，我调任市教委学生处，负责高考招生与大学生资助、就业等业务的协调联络工作，与上海教育电视台的交往就更频繁了，时不时会因为如何落实某项业务的宣传报道与台里负责人坐在一起热烈讨论。2010 年 5 月的一天，我陪同市教委时任副主任到教视演播大厅录制一档升学节目，第一次接触《我们一起填志愿——高考咨询大直播》。那会儿，我对上海高考政策还懵懵懂懂，自然上不得镜头，只能做现场观众。当时的感觉是，这档节目好神奇，原来高考政策可以这样解读，对考生和家长的帮助如此直接。那次录制完节目之后，我自己暗暗下决心，既然委里分派学生处牵头负责高考招生的政策制定工作，那我作为负责人就一定要做到业务精通。

没想到一年后因为某个特殊原因，组织调动我到市教育考试院工作，直接负责高考的考试组织与招生录取。这下我就真和《我们一起填志愿——高考咨询大直播》结下了不解之缘。

《我们一起填志愿——高考咨询大直播》是上海教育电视台在市教委指导下，联合多家媒体与市教育考试院联合打造的一个高考升学品牌项目。从 2006 年至 2023 年，连续播出 18 个年头，每年都创下很高收视率，助力了无数高考生搞懂复杂政策、实现优质升学。

我从 2012 年开始到现在，每年到了高考发榜前都要与上海教育电视台领导商量策划如何让当年的大直播节目帮助更多考生与家长切实受益。这些年里，我自己 9 次坐进直播间，直接面对镜头向观众解读高考政策，获得了台里的认可和考生、家长的好评。

可以说《我们一起填志愿——高考咨询大直播》节目是促进市教育考试院更深思考政策、更优服务考生的巨大动力。特别是 2017 年新高考改革首次落地前后，高考招生从分文理科切换到基于"两依据一参考"模式的按"院校专业组"投档录取，不要说考生和家长，即使不少多年从事高考志愿辅导的老师也

寄语

是"一头雾水"，不知道从何下手，怎样把握新政下的志愿填报。虽然我和我的同事从 2016 年开始，就已经注重下沉到区校进行解读，但毕竟难以全覆盖，而且一些接受培训的中学教师也是一知半解，给考生传递了似是而非的信息。于是，我们决定把大直播节目作为直接向全市考生和家长传递一手准确信息的主要舞台。

上海教育电视台的领导和节目负责人、主持人高度重视此事。那几年里，每年都是领导带队、全套人马赶赴考试院，与我们一道探讨政策、设计节目访谈大纲，并且指导我们用浅显易懂的语言解读深奥复杂的政策。上海从 2017 年高考新政平稳落地一直到现在，每年都能做到帮助绝大部分考生和家长理解政策、填准志愿，从而确保了招考平安、社会满意。这里面，固然有领导重视、操作得当等多种因素作用，但不可否认上海教育电视台和《我们一起填志愿——高考咨询大直播》节目发挥了重要的稳定人心功效。

在我参与大直播的这些年里，有两个印象特别深刻的感受。

第一个感受是教视领导和节目负责人特别专业。记得 2012 年第一次录制大直播时，可能出于紧张或者口误，在回答一个电话提问的时候，我的解答不十分精准，甚至可能让相关考生产生歧义联想。从直播间出来的时候，我和我的同事都没有意识到这个情况，但节目负责人关注到了，把我拉到一边，非常诚恳地向我指出刚才对那个提问的回答不够精确，建议回播的时候切掉相关表述。这个插曲过去十多年了，却一直萦绕在我的脑海，告诫我回答考生提问的时候一定要格外严谨，因为一个有歧义的政策答复有可能产生误导，乃至干扰一批考生的正确选择。这个插曲也让我深深感受到媒体人的不容易，他们不但要负责好录制、编辑这些技术工作，而且还要精通节目涉及的业务内容，这样才能高质量地确保节目的播出水准。

第二个感受是教视领导和节目负责人特别敬业。每年在讨论大直播提纲之前，节目负责人总是早早地就把问题设计送到我们案头，并且每年都会深入考生和家长了解他们的需求，设计新的提问。在我们给出提问解答口径时，节目负责人会和我们一起反复推敲如何解答更加精准、更加有效，有时一个解答要修改很多遍。节目主持人的身上也让我们看到了教视的敬业精神。按说主持人都是"身经百战"的专业人士，对主持词完全可以轻轻松松驾驭发挥，但每次我们都看到直到开播前一刻主持人还在兢兢业业地反复操练，确保每个用词都准确无误。这些敬业表现让我们这些不常出现在荧屏上的人肃然起敬，明白了成功与华彩的背后是无数艰辛付出。

上海教育电视台已经弦歌不辍三十载，站在三秩积淀的厚重基础上必将谱写新的奋进华章。市教育考试院和上海教育电视台因《我们一起填志愿——高考咨询大直播》等节目而深刻

寄语

结缘、紧密合作，还要继续把这些来之不易的成果发扬光大，为考生造福，助考生成长。祝愿上海教育电视台在新征程上不断弘扬为党育人、为国育才的教育初心，始终践行立德树人、铸魂育人的时代使命，成为全国教育领域的杰出媒体代表！

刘玉祥
上海市教育考试院党委书记、院长

打造"第一健康频道"

上海教育电视台与医学界的渊源很深！早在1996年就设立了全国首个卫生直播节目《健康热线》，之后又连续摄制了全国首部医学大师系列纪录片《名医大家》、全国首档医学电视演讲节目《健康演说家》，创下了一连串的"全国第一"，深受医学界、教育界、传媒界的好评，在老百姓当中也留下了好口碑！

在健康中国战略的引领下，2021年，上海教育电视台与上海市卫健委合作，立足跨界传播、医媒融合、模式创新，推出了全国首档大型电视健康科普脱口秀《健康脱口秀》，用喜剧艺术、表演艺术的手段普及医学知识和全民健康生活方式。

《健康脱口秀》一亮相，就引爆荧屏和网络。25位优秀的医务人员一改以往"严肃""正统"的科普方式，大胆创新突破，勇于做"第一个吃螃蟹的人"，历经种种艰苦磨砺和反复碰撞，终于走出科普"舒适圈"，向社会奉献出一场接一场年轻态、喜剧向、接地气的健康科普节目，迅速引发强烈的社会反响。广

寄语

大网友纷纷热赞，众多金句频频出圈，全网观摩人数超过 10 亿，一举成为现象级作品。

2022、2023 年，上海教育电视台再度与上海市卫健委、市健促中心合作，并在中国医师协会健康传播工作委员会和凤凰卫视等的大力支持下，相继举办了第二、第三届《健康脱口秀》，参赛和传播范围拓展至长三角、全国各地乃至全球华人圈，吸粉无数，还创造了单个科普短视频观看人次超 1400 万的传奇！2023 年 3 月 11 日，又在上海音乐学院歌剧院这一世界级的演出场所，推出了大型线下健康脱口秀，1000 多名观众的阵阵欢笑，几乎要把剧院屋顶"掀翻"。之后还在"大零号湾"、复旦大学管理学院、第四届中国健康创新传播大会等开展了一系列演出，收获好评无数。

在移动互联网和 5G 全媒体时代，《健康脱口秀》似乎已经找到一种"无障碍沟通"的良好方式，医务人员"一手拿手术刀，一手拿麦克风"，用轻松的口吻诠释医学知识，用犀利的语言抨击健康谣言，用生动的方式助力疾病防控，科学"吐槽"、认真"搞笑"，致力打造最具知识含金量、更有益于民众身心健康的脱口秀，发展海派科普和文化传播双品牌。

把复杂、深奥、专业的医学知识转化为通俗易懂、听得进、学得会的科普内容，不是一件简单的事，需要大量的语言"翻译"和内容"转化"。尤其面对大量网络健康谣言和知识误区，更需要上海传媒界和医学界"双向奔赴",发挥上海医学中心城市的辐射作用,强化"主力军、主渠道、主阵地"功能,向民众提供更多优质健康的科普资源,并在网络科普平台上打假、辟谣、捉妖!

于是,一项新的任务应运而生——落实全国首部爱国卫生与健康促进融合立法《上海市爱国卫生与健康促进条例》要求,建设全国首个省级全媒体健康科普频道"上海健康频道"的各项筹备工作,正紧锣密鼓进行着。依托上海教育电视台,携手网络新媒体,打造大小屏联动传播的健康科普平台,已在高效率推进中。主办方还向全社会有奖征集上海健康频道的 logo。

未来的"上海健康频道"将集上海医学界、传媒界的优势资源于一体,推进多方面优质健康科普资源的供给:将创设权威健康科普辟谣平台,打造一锤定音的健康科普资讯,让民众走出健康谣言误区;将健全健康科普专家库和资源库,打造健康科普的中央厨房,为各级各类单位和广大市民提供公益健康科普配送;将健康科普拓展至运动健康、营养健康、健康茶饮领域,探索音乐疗愈、森林沐浴、公园处方等健康促进创新模式;将开展家庭医生全员科普培训,提高健康守门人的传播能力与技巧,把健康知识送进千家万户;将联合医疗卫生机构设立"健康科普展示周",推出一场场科普嘉年华,把中山、瑞金、华山等三甲医院的优势专科资讯广泛传播;将举办上海医疗机

寄语

构健康科普影响力榜单发布盛典，让健康科普影响更多人……

一个惠及 2500 万上海市民乃至长三角和国内外民众的"第一健康频道"正向我们走来！健康上海之全民健康生活方式时代正越来越近！这也是上海教育电视台开播 30 周年再出发、再创新的美好愿景之一。

王彤

上海市健康促进委员会办公室副主任

上海市卫健委健康促进处处长

1995 年起，连续举办 14 届《中国名校大学生辩论邀请赛》。

图为辩手们与金庸在一起。

寄
语

那片"绿叶"伴我爱的时光

每天清晨，我都会在学校门口拍一张照片，我喜欢称她为"爱的学校"，在这里工作了近30年，这里记录了我每一天充满爱与温暖的记忆。而记忆中，有一片翠绿欲滴的绿叶伴随着我成长，伴随着爱的时光。

20多年前，我收到了一份获奖通知。当时上海教育电视台推出了一部电视剧《天生我才》，我作为青年教师的代表参加了剧评征文，没想到得了奖。通知里要求我领奖后能够介绍文章内容，并把文章里提到的学生小敏一起带去。于是，我和学生浩敏一起来到了上海教育电视台，镁光灯下，面对台下坐的观众，我讲述了和小敏之间的故事。小时候的他实在够调皮，每天不添点麻烦，就好像这一天就不够完整一样，有时连他的爸爸妈妈都头疼，甚至有点气恼地不想理他，而我，从小就立志成为一名爱所有学生的老师却不愿放弃，我想给他一个爱的空间。我坚信，每个孩子都有闪亮的地方，可能是在上课时的某一刻，他追随我的闪烁目光；可能是他发挥特长，用了一个下午的时间设计了一枚印章；可能是他抓紧时间，完成了一门学科的作业，哪怕只是一个极小的举动，哪怕只是一点进步，我都会大大地表扬他。我也会批评他，但从来不高声斥责，我更不会向他爸爸妈妈告状。他胃疼，我打饭菜给他，他不愿意做作业，我就守着他，陪他写完，我让他妈妈收起那把他惧怕的长木尺，他书包破了，我买个新的给他，我鼓励他跟我说说心里话，甚至鼓励他勇敢地参加班干部竞选……从最初的排斥、远离，到后来渐渐亲近与依赖，他知道我真心诚意地喜欢他。当我说到他在最近的一次作文里写到"是那个眼神像春风，话语像春风，笑容像春风的老师改变了我"。突然觉得眼眶发热，我看见台下的小敏此刻也正一瞬不瞬地望着我，讲述结束，他害羞地走上台，送给我一捧鲜花。那是我第一次收到学生给我的鲜花，还带着露珠。那次颁奖结束，第一次有家长向我求助，说家里也有个这样的孩子，能不能带来跟我聊聊。那次我获得了初为人师的第一个"一等奖"，我想打动评委的可能正是我们师生间这份质朴而彼此信任的情感……

太多的第一次，让那天的记忆一直在，伴随那份记忆的还有一抹绿色，那片绿叶就此落在了心上，十年树木，百年树人，我知道自己的责任所在。所以在接下来的20多年，直到今天，我依旧爱着我的工作，希望能温暖、呵护、鼓励每一个孩子，并致力于打造一所"爱的学校"，我依旧坚持帮助每一位来求助

寄语

的家长，陪伴他们真正走近、走进儿女的心里，为了让更多的孩子得到关注，更多的家长得以倾诉，除了线下的接待，我还开设了"云朵妈妈聊天室"，预约之后，敞开心扉，畅所欲言。

20多年后，我从微信公众号里收到了一封烙着"绿叶"印记的信，"还记得绿叶对根的情义吗？"那片绿叶瞬间打开了记忆的阀门，让我几乎是立刻发信给大洋彼岸的小敏。"你还记得20多年前的那次领奖吗？""必须记得啊。"我们聊起了那次去教育电视台领奖的经历，越谈越激动，他突然说："吴老师，你是我碰到的对我最用心的老师，没有之一。"小家伙，不，小调皮已经长大，成了小伙子了，依旧会把老师的心揉皱，让老师的眼眶再次湿润。这些年，他在国内读了大学，又去国外读了硕士，无论多忙，每年他都会来给我拜年，说说自己读书的情况，说自己恋爱了，兴冲冲地给我看女朋友照片，长大了，会在临走时特地跟我强调一句"老师，看你微信，你睡得太少了，这不行啊，你身体要保重啊！"……

聊天结束，我的心还是久久不能平静，教师不仅仅是一个职业，而是一份爱的事业，你付出的每一份爱，若干年后都会在这些孩子身上寻到印记，浩敏是我那么多学生中的一个，我的爱还会延续，随着我工作年份的递增继续延续，我会努力成为一名孩子们难以忘怀的老师。

快30年了，从一个一线的班主任，到现在的学校管理者，这片绿叶成了我生命中一抹难以忘记的亮色，无论寒来暑往，她始终郁郁葱葱，记录着这爱的校园里的温情故事。一位年过半百的老教师，因为手把手教孩子们怎样不占空间地叠冬衣，一夜之间突破三万观看量，成为了一名"网红老师"；渐冻症患儿洛洛乘坐着"特有的座驾"驶入校园，在一年级所有班级轮流上课，认识了近三百个可爱的小伙伴；当我新春佳节，带着新进的青年教师去探望老校长，让他感慨不已时；当孩子们面对镜头，毫不怯场地介绍着属于中国人自己的品牌，一脸自豪时……这一幕幕都留存在我的记忆深处，成为了最为珍视的心中至爱。

感谢这片绿叶，让我累积了这30年爱的经历，让我和老师们、孩子们无论身处何处，都被爱牵住，让我在30年后，又想起了当年初为人师的誓言，教有真情，育无止境，爱每一段在"卢一"的时光，爱每一个充满爱的故事。

吴蓉瑾
时代楷模
上海市黄浦区卢湾一中心小学校长

寄语

39

我和"绿叶"共成长

上海教育电视台，也称为绿叶电视台，这片绿叶陪伴我们30年了。诗人写道，花朵的事业是美丽的，果实的事业是尊贵的，但我愿做一片绿叶，绿叶的事业是默默地垂着绿荫的。这是我心中绿叶电视台的写照，因为我的成长路上，一路有她。

一起上好这门关键课程

2018年3月18日，我参加了习近平总书记主持召开的全国思想政治理论课教师座谈会，并在座谈会上向总书记作了汇报。会上，习近平总书记勉励思政课教师，要上好思想政治理论课，这门落实立德树人根本任务的关键课程。

2019年5月，我接到了上海教育电视台《周末开大课》第一季节目的邀请。在电视台上思政课对我而言是一种全新的尝试。

是导演组老师们设计节目的初心给了我信心和勇气。他们说，"期待更多的老师运用自己丰厚的理论积累和对现实生活的观察、思考，通过精彩的电视演讲以及与青年学子面对面交流，打破单纯'思政课'的边界，营造社会大课堂，引领年轻一代与信仰对话，和时代同行，用一颗颗赤子初心为青年成长注入新的时代内涵。"

正是怀揣着那份"赤子初心促青年成长"的初心，我第一次踏上了上海教育电视台的舞台。

一起为战疫加油

2020年1月，根据疫情发展情况，教育部部署了"停课不停教、停课不停学"的要求，本市中小学开展在线教育。

如何为尚在疫情中的学生、老师、家长们加油打气？中共上海市教育卫生工作委员会和上海市教育委员会的相关同志、教育电视台的导演、主持人、录制老师们，还有我，"全副武装"地集结在了上海教育电视台的演播中心。2月28日上午，《在战疫中成长》空中课堂开播了。

一次次最美的逆行，一张张满布勒痕的面孔，一道道紧急部署动员令，一家家飞速拔地而起的医院，一箱箱驰援的防疫物资，一个个坚守的平凡岗位，一次次祝福信心的传递，我和主持人一起讲述了这场"硬核"战疫中让人暖心、令人动容的人和事，引导学生汲取战疫中的精神与力量。

观看此次德育公开课的学生告诉我，"在'不确定'的迷雾中，

这节课让他们隐约看到了一束光！"

一起善用"大思政课"

习近平总书记说，"'大思政课'我们要善用之，一定要跟现实结合起来。上思政课不能拿着文件宣读，没有生命、干巴巴的。"

如何"善用"社会资源，将思政小课堂和社会大课堂链接起来？

2023年7月31日，我带着学生们，和上海教育电视台"奋楫少年志"节目组来到了中共一大纪念馆。在上海市望志路106、108号这幢历经百年风雨的石库门建筑里，结合董必武"作始也简 将毕也钜"题词的文物，师生一起回顾中国共产党的发展历程，体悟伟大建党精神。

值得一提的是，"奋楫少年志"系列视频课作为一档青少年爱国主义教育主题节目，依托中共一大纪念馆时空，分别从小学、初中、高中、大学学段着手，通过音乐课、体育课、思政课等不同课程形式，使各学段的青少年在同一时空，从不同维度，全方位读懂"伟大的开端"，共同探寻中国共产党历史里的青春密码。

作为一家以教育为主题的电视媒体，上海教育电视台始终致力于提高教育质量，促进教育事业的发展，这种执着与坚守，陪伴着我，支撑着我，也是值得我学习和传承的。

　　30 周年，在这个值得庆祝的日子里，让我们一起为上海教育电视台送上最诚挚的祝福。愿她越办越好，为教育事业作出更大的贡献！

陈明青

全国最美教师

华东师范大学第一附属中学思政教师

寄语

电视语言与镜头语言下的"结缘"

众所周知，电视语言有着独特的、触动人心的传播方式。它融合了图像、声音与文字，打破了语言隔阂，让信息与情感在传播中交融，在交融中碰撞，在碰撞中升华。

喜怒哀乐，都能在电视语言的演绎下栩栩如生，让我们仿若置身其中，感受着生活的馈赠。

如果说电视语言是各类传播方式的集合，那镜头语言，则直接就是用镜头说话了，在光影间，传递出了更为深沉和细腻的情感。

我与教育电视台的结缘，就源自这两种独特的"语言"。

2016年3月5日，是周恩来总理诞辰118周年，作为上海唯一保存完整对外开放的周恩来纪念地——周公馆，拟推出系列纪念活动，但策划方案被一轮轮推翻，临近诞辰纪念日，馆领导要求我介入，负责策划并推出相关纪念活动。放在我眼前的是时间只剩20天，整个方案需要重新策划，还要顺利推出的"硬活"。

做什么呢？

做征文活动？办书法比赛？做文艺汇演？这些活动不是做过了，就是时间来不及。

怎么办？我们如何表达对周总理的深切情感？

周爷爷，我想对你说，说什么？怎么说呢？

对，用电视语言，表达我们内心炙热的情感，在传递与传承间找到心灵的共鸣和情感的共振。

想好了表达方式，接下来就是寻找合作方了。

找到教育电视台时，时间只剩半个月了，我匆忙表达了初步想法，没想到的是，当时教育台的台领导及负责对接的姚赟勤老师、金山老师当即表示：全力以赴，一定最大程度地体现——最好的缅怀是传承。

在认真梳理了现有资源后，我们很快确定了用音诗画的方式推出主题诗歌朗诵会，创作了情景诗《周爷爷，我想对你说》，特邀了天津周恩来邓颖超纪念馆讲解员用特型表演的方式讲述故事《鞠躬尽瘁》，邀请艺术家陆澄和赵静朗诵诗歌《相会》……在教育电视台的精心组合和巧妙构思下，一首首诗歌，一个个故事将"周恩来"这个伟大的名字，呈现得格外温暖。

活动顺利结束后，我们得到中国中共文献研究会周恩来思想生平研究分会名誉会长、中央文献研究室原室务委员、第二

寄语

编研部原主任廖心文；周恩来总理侄女，中国新闻社原副社长，第九、第十届全国政协委员周秉德等领导的一致赞誉。

当时坐在观众席的我，第一次被自己执行的活动深深感动，我真切地感受到了电视语言的无穷魅力——不大的舞台，却能细腻地描绘出伟人的光辉与我们心灵的触动。

2020 年是《共产党宣言》第一个中文全译本出版一百周年。作为我馆的"镇馆之宝"，我们如何讲好这"传世之著"背后的故事呢？我们和春秋航空联合推出了"春华秋实，初心如一"云端微党课项目。

7 月 23 日，在春秋航空 9C8903 从上海飞往石家庄的航班上，当旅客们迈入客舱，首先映入眼帘的是行李架上张贴的一张张生动的党史故事海报，讲述了中国共产党从 1919 年"五四运动"直至 1949 年中华人民共和国成立，令人难忘的 24 个历史瞬间。旅客开关行李架时，都能看到党史故事，就如同掀开了历史的一页。

我馆全国金牌讲解员化身空姐在万米高空生动讲述了中国共产党的建党故事，让仔细聆听的旅客们走得再远，飞得再高，都不忘记来时的路。

这堂真实的"云端"微党课正是由教育电视台独家全程录制，当天执飞结束后，我和春秋航空赵书记接到了教育电视台的邀请——参加"教视约见"，在镜头前，我和赵书记充分表达了作为主办单位的最初设想——上海是中国共产党的诞生地，春秋航空的基地也在上海，是改革开放的亲历者和受益者。我们希望，从上海飞到全国各地的航班上，吸引更多的旅客朋友们知历史、守初心。我们将云看馆、云看展，第一次触及了真正的云端。不仅拓展了展示空间，也拓宽了教育形式。

新闻播出后，我没想到会引发广泛的关注和热议。教育电视台随即派出专业主持人参与云端微党课讲述，春秋航空则表示，这个教育项目中的图片展在春秋航空国内170多条航线上执飞，全国各地的旅客都有机会看到展览。此外每一位旅客都能获赠一张"春华秋实，初心如一"的登机牌，扫描登机牌上的二维码，就能参与线上教育活动，不仅做到了能看，而且还能"听"，更加生动地与纪念馆互动。

这是我第一次对镜头语言有了全新的认识，新闻报道的客观精准，访谈节目的亲切自然，其实都是通过镜头的变化和精准的构图，将情感与思想融入其中，形成了一幅幅令人难忘的鲜活画面，让所有人在潜移默化中受到启发和教育。

回首这十多年，我有幸参与了教育电视台的很多节目，有被邀请做访谈嘉宾的，有被邀请做评委的，每每我都被节目的独特构思与创新策划所惊艳，在这些各具特色节目中，我结识了许多教育电视台的工作人员，从他们身上我感受到了"绿叶"人的拼搏与敬业，这些都是值得我学习的宝贵经验。

寄语

　　在文化越发交融的当下，各种文化元素正在不断地碰撞、融合，进而产生出更加丰富多样的文化形态。电视语言和镜头语言正是我们理解世界、感受生活的重要工具，也是我们激发热情、创造活力的重要源泉。

　　与教育电视台的结缘让我深感荣幸。我相信，下一个十年，教育电视台将越发精彩。让我们一起见证，上海教育电视台用电视语言更好地传达信息、展现思想、表达情感，用镜头语言对话光影、走进世界，推动教育行业的更大繁荣和发展。

杨宇
中共一大纪念馆宣传教育部主任

1996年《健康热线》顺利播出，成为本台经久不衰的品牌栏目。

寄语

大上海 1996

现在流行一个说法，叫"命运的齿轮开始转动"。我想1996年上海教育电视台向我们学校发出"可蒙杯"全国名校大学生辩论赛邀请的时候，就是我们命运的齿轮转动之时吧。在那之前去过一次上海，不到十岁，只记得火车站的嘈杂和动物园的遥远。我们学校是犹豫的，理工科学校，名校包袱。我在校园里遇到郭宇宽，看他垂头丧气，一问才知道报名就要截止了，学生处说不报了。我也不知哪里来的勇气，就拉着他去找团委副书记王荷凤老师。王老师比我们大不了几岁，又和气，我们只敢找她争取。王老师是能抓住关键点的，一看还有半小时就报名截止了，就带着我们闯进了白学龙处长的办公室。白老师是个温和的陕北人，用陕北口音喃喃地说："咱们学校要么不参加，参加可就要拿名次呢，你们这辩论……行不行啊？……"我说："白老师，咱办学是为了学校得名次，还是为了学生的培养和成长？咱们理工科学校，输了不丢人，赢了是个惊喜。"现在想想我那时候真是不讲礼貌，说话很冲。白老师说："报！那就报！荷凤，你去打电话！"我们在下班前十分钟赶上了名校邀请赛的末班车。

一群少男少女和比我今天年轻得多的教练们，坐着火车欢声笑语地来到了上海。第一次知道了五角场，吃上了大馄饨小馄饨酒酿圆子，上海人不说左转右转，说大拐小拐，上海的路牌没有方向感，东西南北常常是错的……很多同学都是第一次到上海，对什么事都一惊一乍嘻嘻哈哈。节目组安排我们住进了天益宾馆（如果没记错的话）。那是一个环形的酒店，感觉很容易迷失，就像辩题一样。我们第一场的对手就是东道主同济大学，题目是"跳槽是否有利于人才发挥作用"。比赛的举办地就是同济，听说吴启迪校长还会亲临现场。而且我们的立场是不利于人才发挥作用，那时候正是市场经济高歌猛进的时候，跳槽简直是再正常不过的人力资源行为了。我们都说："完了完了，不可能赢了。""就当是公款到上海旅游吧！"韩鹏杰教练说："这叫置之死地而后生！背水一战，破釜沉舟，说的都是咱们。而且更应该轻松了。输了都不用解释，赢了怎么解释都行！"（大意如此）第一场的选手是董文清、郭宇宽和路一鸣，我被安排准备可能会没有的第二场比赛。我是个善于偷懒的人，所以每天过得都新鲜有趣。去看看比赛，看看别的队伍的美女，看看电视节目录制，总之一切都新鲜。张德明台长、汪天云台长和大美女主持人周荃老师还来酒店看过我们，觉得这些老师都好和气。

我们这个队是挺厉害的，从 1996 年组队开始，就没有输过一场比赛。韩老师是个神人，看人准，用人狠，对辩题分析透彻，总能建立一套易守难攻的论证体系。我们竟然赢了同济，又赢了辽大，最后在决赛中赢了苏州大学。当我们捧着冠军奖杯回到西安的时候，天上正下着大雨。到车站迎接我们的学生会主席徐森说："你们太火了！昨天把学校的宿舍楼都烧了一座！"原来在我们得奖当天夜里，电气学院的宿舍因为线路老化着火了，幸亏半夜天降大雨，没有人员伤亡。只是很多同学的考研资料都付之一炬了。

回忆的碎片中还有很多人。除了教育电视台的老师，还有很多评委、教练、领队、同学。这些对于一个 20 岁的年轻人，都是弥足珍贵的记忆。我记得第二场比赛的题目是"安乐死是否符合人道主义精神"。我在上场前紧张，去上厕所。在厕所遇到一位颤颤巍巍的老人家。比赛一开始，介绍评委时才知道，这位老人家是中国肝胆外科的泰斗吴孟超先生。人们都说他平时颤颤巍巍的，一拿起手术刀就立刻不颤了。后来我回到学校经常跟同学吹牛："吴孟超知道吧？我跟他一起上过厕所！"现在想想那个时空的交集，都是荣幸。经过那次比赛，我们还认识了华师大的任友群老师，他现在是教育部教师司的司长，去年还让我去教育部和领导们座谈。很多年以后我遇到朱永新老师，他现在是全国政协副主席了。他见到我说："我认识你！你是西安交大的辩手。"我很诧异，说："您怎么知道？"他笑笑说："我是苏州大学的教练啊！哈哈哈！"

转眼，竟然已经将近30年过去了！我们从一个毛头小伙子，为人父为人母。我和上海也有了不解之缘。我的公司总部就在上海长宁，扎根在了上海。王荷凤老师今年离开了我们，但我永远记得，要不是她当年的一通电话，我们不会有这么多奇妙的经历！感谢所有为培养年轻人做出努力贡献的老师们！感谢像上海教育电视台一样努力工作的传媒工作者！有时我们不知道做一件事情的意义，但当很多年以后，意义就开始浮现。

樊登

帆书 APP 创始人

中央电视台原主持人

寄语

三十年，我和"绿叶"的情谊

转眼间，上海教育电视台就将迎来 30 周岁生日了。对于我这个 85 后而言，"绿叶"台总给我一种同龄人般的亲切感。记得那是 1994 年过完年后不久，二年级的我从"每周广播"上第一次看到"上海教育电视台"。这个台会放些什么？抱着好奇的心赶紧打开电视机，调到 26 频道，坐上沙发，从此便与这片"绿叶"结下了不解之缘。

小时候看电视是一项严格受限的娱乐活动，而"绿叶"却独具"豁免权"，毕竟看别家电视叫"玩物丧志"，而看教育电视是"寓教于乐"。台里的资源真的很丰富，跟着节目我学习英语、学习写作，甚至在二年级时还"预习"过电视大学的国际财会课程。其中效果最好的是英语打字课，节目里的授课老师竟然是同学的妈妈。但令人费解的是，我曾经一对一上过她的课，学习效果很一般；转头学习电视课反而如鱼得水。这让她万分感慨：教育电视，真是比人更会"教育"的电视。

除了学习，台里的动画片也相当丰富。有从法国引进的《狮子王》，还有台里自制的《自古英雄出少年》，都是既好看又有内涵的优秀作品。但我印象最深刻的却是一部日本动画——《森林好小子》，那是我第一次接触"无厘头"喜剧，差点把头给笑掉。直到现在这部动画的网上流传版本都是绿叶 logo 的，成为一代人的经典回忆。

此外，小时候最爱看的是关于"大人"的节目，例如讲中学生活的《阳光少年》，讲大学生活的《绿叶风》，讲美国家庭故事的《成长的烦恼》，讲日本运动故事的《青春的火焰》。其中最吸引我的是《中国名校大学生辩论邀请赛》，来自复旦、交大、华政等名校的高手们唇枪舌剑、妙语连珠，完美诠释了什么叫"英姿飒爽"。再加上主席台上集美貌、智慧、干练于一身的"童年女神"周荃老师，这档节目成为了我励志要上大学的动力源泉。

少年时，"绿叶"是扬起的风帆，装载着我的梦想。

时光荏苒，一眨眼我大学毕业参加了工作，并成为了一名公卫人。遗憾的是，大学期间没能与辩论产生交集，更别提"上辩赛，见女神"的愿景了。2012 年，上海市医务工会举办系统职工辩论赛，我入选了辖区代表队并杀进决赛。记得比赛当天我站在上海教育电视台大楼大门前，我的心情是有多么激动。决赛主持人是位叫周杰的帅哥（当时是），虽然没有见到童年女神，但周老师深厚的主持功底也同样令我心折。最终，我们

寄语

的队伍取得了胜利，但我因为生病未能上场，未能出现在从小憧憬的舞台上，给我留下了深深的遗憾。此后，我便以上绿叶舞台为目标参加了上海教育电视台主办的各种比赛，包括后续的医风医德辩论赛、市民辩论赛等，可惜都未能晋级。

2015 年，上海市卫健委（时名卫计委）和上海教育电视台联合推出了全国首档医学电视演讲节目《健康演说家》，向全市招募青年医学科普达人。我也积极报名了，但由于缺乏健康科普经验而失之交臂。最终，19 名来自上海各医疗机构的同行登上了《健康演说家》的舞台，向上海市民展示了他们的风采。我从他们身上感受到一种强大的感染力，甚至比辩论更强。辩论只是说服对方，而健康演说则是说服公众，改掉健康陋习，提升健康素养。显然后者更难，但也更有意义。

从此，我成为了《健康演说家》的铁粉，认真学习每位选手的文案，钻研科普创作和表演，走上了一条不一样的道路。此后，我也多次参加市级和国家级健康科普比赛，获得不少荣誉，并以健康科普达人身份获得全国青年岗位能手称号，而这一切都源自我与"绿叶"的牵绊。

青年时，"绿叶"是远方的旗帜，激励着我前行。

时过境迁，工作多年的我也迈向不惑。在投身健康科普工作多年后，我从一名科普创作者转到幕后，并成为上海市健康促进中心的专职科普工作者。本以为自己将再没机会登上舞台时，没想到因为一个契机而改变。

2021 年，市卫健委、市健促办和上海教育电视台联合主办的《健康脱口秀》项目启动了，而我有幸担任项目联络人。虽然早已放下对舞台的执念，但当我再一次来到上海教育电视台大楼时，心中仍旧激动不已。更令我激动的是，负责《健康脱口秀》项目的制片人和导演，就是我心心念念的周荃和周杰两位老师。这让我在第一次工作会议时发言都有些语无伦次了。台里的老师们都对我很好，给予我很大包容和帮助。因此，我也了解到许多电视节目制作的流程要点，并参与其中，成为首批《健康脱口秀》25 名受邀达医之一。

在那段时间，我经常在不同身份中来回切换：上午是策划者，在台里参与节目制作；下午是联络人，回中心和选手们沟通讲稿；晚上到家写稿子，我又成为了选手。终于，在制作团队和选手们的共同努力下，2021 年 12 月，《健康脱口秀》第一季成功上线，一经播出就受到了业内和社会层面的关注与好评，而我也达成夙愿，实现了自己的首秀。

从此，我便与《健康脱口秀》一起，成为了这片绿叶全新的一部分。出版同名书籍、编写行业共识、举行线下演出、制作周边日历，一个又一个创新之举不断涌现，《健康脱口秀》更实现了第二季面向长三角海选，第三季发起全国邀请赛的升级迭代。在这近三年的时间里，越来越多的医生加入《健康脱

寄语

口秀》团队，越来越多的观众感受到了《健康脱口秀》的魅力，而我也感到前所未有的充实和快乐。

此刻，"绿叶"是一方舞台，演绎着我的理想。

30年，对于时光长河不过一瞬，但对于人生而言是已经跨入而立之年的不短的旅程。这片陪伴我长大的"绿叶"，也终于将迎来她30岁的生日，我衷心地祝愿她收视长虹、蒸蒸日上。同时，我也会和她一起服务好更多医疗卫生系统的同行们，做一枚更称职的绿叶，让健康科普开出更鲜艳的花朵，为上海健康促进的明天结出更丰硕的果实。

戴恒玮
《健康脱口秀》第一季亚军
上海市健康促进中心健康传播部

时光

SHIGUANG

不忘初心，方得始终

2018 年 9 月 18 日，阳光明媚，微风和煦。那日，我以新的身份踏进上海教育电视台的大门，此时距上一次走进教视大厦已经过去了整整十二年。2006 年 4 月，当时还在 SMG 广播新闻中心工作的我，负责与教育台对接"高考大直播"节目的具体事务，有机会第一次走进教育电视台的二楼演播厅。"2006 高考大直播"是一次电视、广播、报纸、网络联动的大型直播节目，除了教育电视台、东方广播电台连续两天八小时开展电视、广播直播外，东方网同步推出视频、文字直播，新民晚报"升学指导"及时刊发直播精彩内容。在那个移动媒体还未兴起的年代，这样的大直播具有鲜明的创新性和媒体融合的特点，通过电视、广播、网络视频和文字，借助热线电话、网络平台和短信等互动工具，为考生和家长建立了一个既满足个性化咨询需求，又提供共性化案例诊断的直播服务平台，取得了非常好的社会反响。这次大直播体量大、时间长、难度高，即使对以直播见长的广播来说也是一次不小的挑战，而整个创意却是由

直播技术复杂度最高的教育电视同行策划并发出合作邀约，足见绿叶人的创新意识和开拓精神，这给我留下了深刻的印象。

时光轮转，十二年后，我怀着忐忑的心情再次走进教视大厦，仔细地打量这座绿叶人的殿堂，在大门首先映入眼帘的就是吴邦国同志题写的"上海教育电视台"几个遒劲有力的大字，一大片苍翠的绿叶铺陈在大厅天花板正中，大厦的墙面和电梯虽有些陈旧但仍保持得十分整洁清爽。当我踏入大门的那一刻心里在想，我也将成为一名绿叶人了，但是我该怎样担负起这片绿叶的重托呢？十二年，广电传媒在移动互联网的冲击下由盛转衰，教育电视台同样面临行业转型的压力和困难，必须要走出一条新的生存发展之路，这是时代赋予我们这代绿叶人的使命和责任。教育是国之大计、党之大计，也是全社会关心的民生大事，教育事业的特殊性也就决定了教育电视台不同于一般的广电媒体，其频道专业属性强、社会公益性强。教育电视台简称"教视"，非常巧的是，这一简称的发音和"教室""教师"相近。我想这不仅是一种巧合，也折射出教育电视的责任，那就是"立足教育，服务社会"。理想中的教育电视台应该是一间没有围墙、人人可学的大教室，也应该是一位亲切和蔼、孜孜不倦的好老师，不断传播优秀的教育内容、讲述精彩的教育故事。我想，这就是教育电视的初心，也是上海教育电视台数十年发展历程带给今天绿叶人最重要的启示。

所有的事业都是在传承中发展，走得再远都不能忘记来时的路。2018年年底，我和台班子一起在全台发起了"传承绿叶精神，深化改革再出发"大讨论，收到了全台职工超过百条的意见建议，大家对教育台深厚的感情、对推动教育台发展的热情深深感染了我。那段时间，我还专程拜访了一些教育台老领导，张德明老台长一见面就给了我六十条发展建议，蒋红台长叮嘱我教育台一定要坚持为教育事业服务，张道玲书记对教育台发展寄予热切地希望，张伯安书记为我详细讲述教育台的现状和历史……老领导们都发自内心希望教育台一定要办好。经过全台职工和老领导们的集思广益，我们总结出了十六个字的绿叶精神，即"守正创新、团结协作、甘于奉献、追求卓越"，这是绿叶人历经20多年艰苦实践凝结而成的最宝贵的精神财富。

所有的事业都需要接续奋斗，一代人有一代人使命。今天的媒体环境变化剧烈，媒体竞争空前激烈，传统媒体单一、单向、单调的传播方式，已经不能适应受众多元、多样、多变的媒体需求。2019年，习近平总书记在十九届中央政治局第十二次集体学习时讲话强调："全媒体不断发展，出现了全程媒体、全息媒体、全员媒体、全效媒体，信息无处不在、无所不及、无人不用，导致舆论生态、媒体格局、传播方式发生深刻变化，新闻舆论工作面临新的挑战。我们要因势而谋、应势而动、顺势而为，加快推动媒体融合发展，使主流媒体具有强大传播力、

时光

引导力、影响力、公信力。"新媒体技术的迭代升级，让一个"万物互联"的全媒体时代正在呼啸而来。对于教育电视台来说，面对新的形势，推进改革时不我待，因为惟改革者进，惟创新者强，惟改革创新者胜！

这几年来，上海教育电视台加快推进媒体融合转型的步伐，虽然起点低、人员少、经费有限，但绿叶人推进改革创新的决心没有变，和1994年创办教育台时一样，今天的绿叶人义无反顾地走上"二次创业"的艰辛路程。这几年来，绿叶人在新媒体产品上不断探索，《高考大直播》蝶变为《高考咨询大直播》，不仅保留了电视端的大体量直播，还在移动端开展连续六天的网络直播，合作伙伴也从广播、报纸拓展到多个移动互联网平台，招考服务更满足受众个性化需求；《教视新闻》改版扩容，同时推出"言传申教"新媒体产品，在新闻现场持续为用户提供短视频和网络直播内容；《健康脱口秀》一鸣惊人、成功破圈，以脱口秀的创新形式传播健康理念，在欢乐的笑声中开展健康科普，取得了22亿网络传播量，成为教育台又一王牌节目；《帮女郎》老树开新花，短视频产品"帮女郎上海"粉丝量突破100万，单条短视频在移动平台创造了1.7亿播放量的教育台新纪录。这几年来，绿叶人在教育节目创新上不遗余力，《一起来成长》《名师面对面》《我想上太空》《金牌体育课》《特级教师开课啦》《公共安全开学第一课》《家长学校开学第一课》……从基础教育到家庭教育，从素质教育到科普教育，立足教育的定位更加清晰。这几年来，绿叶人仍在持续打造电视精品力作，纪录片《大先生》斩获多个全国和市级奖项，迎接建党百年24小时大直播《风华正青春》荣获中国广播影视大奖，《周末开大课》《旗帜·中国青年说》《百年青春潮》《奋楫少年志》《给00后讲讲新时代》等优质思政节目为大思政教育提供鲜活素材。这几年来，以绿叶品牌为核心的"绿叶生态圈"逐渐成型，"绿叶育人平台"做强教育视频内容集成，服务超百所学校；"绿叶艺术团"茁壮成长，每年有近万名学生走上教育台的舞台展现艺术才华；"绿叶校园运动大联盟"组织的三对三篮球赛持续升温，课后运动服务遍及全市六十多所学校；"学生草地音乐节""安享心生活老年合唱比赛""两岸青少年诗词大会"等新办线下活动方兴未艾。截至2023年年底，教育台收视率在全市电视频道中始终保持在第二阵营前列，新媒体矩阵的总用户数从2019年的30多万增长到450万，媒体融合转型的成效初步显现。

　　2024年，教育台将迎来开播30周年。三十而"励"，向阳而生，绿叶在不断成长。30年来，上海以海纳百川、追求卓越、开明睿智、大气谦和的城市精神滋养了教育台的绿叶精神，成就了绿叶台的勃勃生机。站在这个特殊的历史节点上，我既感慨教育台从小到大、从无到有的光荣历程，也坚信绿叶人一定会面向未来、砥砺前行，用"守正创新、团结协作、甘于奉献、

时光

追求卓越"的绿叶精神重塑辉煌。1995 年，时任中共福建省委常委、福州市委书记的习近平同志为福建教育电视台开播题词："教育电视，大有可为"。今天，这八个字已经成为全国教育电视行业从业者的座右铭。党的二十大报告指出："教育、科技、人才是全面建设社会主义现代化国家的基础性、战略性支撑。"今天，教育事业的重要性进一步显现，服务教育事业的教育电视也更加责任重大、使命光荣。新时代新征程，我们这一代绿叶人要继续坚守"立足教育，服务社会"的初心，继续在追寻梦想的道路上发奋图强、努力向前，用我们的汗水和勤奋、创新与开拓谱写"教育电视，大有可为"的展新图景，为强国建设、复兴伟业做出我们这代人应有的贡献！

孙向彤
上海开放大学党委副书记、副校长
上海教育电视台台长

1998年，本台向河北省张北县二台镇地震灾区捐建了一口"绿叶井"。

时
光

让党的旗帜高高飘扬

"党和政府主办的媒体是党和政府的宣传阵地，必须姓党。"
这是习近平总书记在党的新闻舆论工作座谈会上的重要指示。
如何恪守党媒姓党，始终坚持正确的政治方向、舆论导向和价
值取向，讲好上海教育故事，彰显服务社会责任，必须坚定不
移地全面从严治党，让党的旗帜高高飘扬，让党徽在守正创新
中熠熠闪光。近年来，教育台党的建设践行初心使命，赓续优
良传统，砥砺探索前行。

传承和弘扬绿叶精神。党的建设重在凝心铸魂。在教育台
18 周年庆典大会结束之际，主持人让每位与会领导给绿叶人
寄语，谢家骝老书记深情期望"发扬好绿叶精神"。2018 年底，
台党总支发动全台员工开展"绿叶精神"大讨论，在深入讨论、
汇聚共识的基础上，最终确定了 16 字"绿叶精神"：守正创新、
团结协作、甘于奉献、追求卓越。今天这 16 字"绿叶精神"张
贴在教视大厦大堂中，印刻在每一位员工办公铭牌上，内化为
绿叶人的共同价值与行动遵循，成为推动教育台事业发展的不

竭精神动力。

推动学习型组织建设。创台伊始，绿叶人求知若渴，积极参加台举办的"新视野系列讲座"等学习活动，之后还兴起全员学习计算机的热潮。为传承和弘扬优良学风，近年来台党总支创建了"绿叶讲习所""绿叶中心组""绿叶学习营""每日一推"等学习平台，先后邀请领导和专家举办各类讲座近40场，"每日一推"共推送学习材料千余篇，还多次开展知识竞赛和主题征文等活动，营造了良好学习氛围，提升了绿叶人的综合素养，增强了履职尽责能力。

筑牢战斗堡垒之基。党的基层组织发挥战斗堡垒作用，是党的全部工作和战斗力的基础。开台以来，党组织高度重视加强党的政治建设，坚持办台方向，深化理论学习，加强队伍建设，严明党纪台风。大力倡导"不要'红包'要'点子'"的职业道德观念，得到市委领导肯定、同行称许和群众赞扬。近年来，台党总支认真落实全面从严治党主体责任，深入开展党内集中学习教育，健全完善党建工作制度，深化党建品牌创建，驰而不息正风肃纪，着力增强党组织政治功能和组织功能。重视发展党员工作，近5年来发展党员20余名，台党员队伍壮大到近百人。实施"绿叶先锋行动"，推动广大党员在改革发展、疫情防控、公益服务等工作中勇挑重担，充分发挥"一个党员一面旗帜"作用。

时光

着力培育青年人才。青年是教育台的生力军，也是台的希望和未来。开台之初，正是一大批青年才俊汇聚教视，才迅速谱写了教育台的绚丽华章。着眼于教育台长远发展，为打造一支政治素质强、业务能力突出、富有协作精神的青年骨干队伍，2022年8月起台党总支实施"青年导航计划"，经过部门推荐、组织遴选和为期一年的全面培养，25名青年学员已顺利结业。近年来，台团组织先后开展"青春是用来奋斗的""让青春在战疫中闪光""飞扬青春 踏上红途"等系列主题教育活动，开展青年周周学、主题团日周周讲及青年公益志愿、团组织"推优"等活动，引领青年奋发有为、健康成长。

弘扬绿叶大爱情怀。开台以来，党组织坚持立足教育、服务社会的办台宗旨，曾广泛开展援建希望小学、教师宿舍、震区机井以及资助革命老区贫困学生、上海教育系统特困家庭等公益活动，充分彰显了绿叶人的家国情怀。近年来，台党总支先后与部分学校、企业、金融机构、基金会、医院、社区等党组织广泛开展党建联建，连续多年助力举办"罕见病"公益科普活动、"小橘灯"海派中医爱心送诊行动，开展"用镜头讲好上海教育扶贫故事"活动，开展捐助西藏、新疆、河北及本市部分中小（特殊）学校困难学生等活动。同时，通过深化党建联建，助力开门办台，推动合作共赢。

建设文明和谐家园。开台以来，党组织始终重视推动文明单位建设，举办丰富多彩的文体和联谊活动，开展大力度解决职工住房困难等实事项目。广大职工爱台如家，涌现无数拼搏与奉献的感人故事。近年来，台党总支坚持以人为本，深化"我为群众办实事"实践活动，持续改善职工办公环境，建成"党群之家""便民服务点""屋顶花园"等实事项目。温馨欢送每一位退休职工，关心重大病及困难职工。举办了三届职工趣味运动会，举办庆祝中华人民共和国成立70周年、建党100周年主题文艺汇演，成立书法、绘画、摄影、羽毛球、足球、篮球、瑜伽等"绿叶兴趣小组"，多次举办主题书画摄影展，开展读书荐书等活动，丰富了职工精神文化生活。

三十年光阴流转，三十载春华秋实。多年来，教育台党组织坚持以改革创新精神不断加强党的建设，为推动教育台改革发展事业提供了强大动力和坚强保证。近年来，台党总支先后获评市教卫工作党委系统先进基层党组织、上海高校第二批"攀登"计划培育创建党组织、两次获评市教卫工作党委系统"伟大工程"党课。台团总支获评"上海市基层团组织典型选树名单"。台专题部、节目中心有关团队先后荣获上海市"巾帼文明岗"。

党的二十大提出，全面从严治党永远在路上。进入新时代新征程，教育台党的建设继续不忘初心、牢记使命，深入学习贯彻习近平新时代中国特色社会主义思想和党的二十

时光

精神，紧紧围绕教育台改革发展稳定大局，从严从实全面推动党的建设各项工作，凝心聚力推动教育传媒融合转型高质量发展。

顾大文

上海教育电视台党总支书记、副台长

在这件大事面前，我们没有缺位

"大事面前不缺位""有作为才有地位"，这是张德明老台长经常挂在嘴边的谆谆教导，也是我从 2001 年作为实习生，第一次走进教视大厦后，一直能看到的绿叶人的工作品性。

2023 年底，2021～2022 年度"中国广播电视大奖"评选结果揭晓。由中国教育电视台、新华通讯社、上海教育电视台联合打造的《风华正青春》建党百年 24 小时大型直播荣获广播电视节目奖。喜讯传来，不由得把我的思绪又拉回了我在教育台工作的第 20 个年头——2021 年。这一年，中国共产党成立 100 周年这件大事举世瞩目。这一年，我们在这件大事面前没有缺位。

《风华正青春》：24 小时直播，教育台历史上的第一次！

2021 年 7 月 1 日零时至二十四时上海教育电视台的荧屏上，成功推出了一场深度联合、全球多点联动、融媒多屏联播的 24 小时大型全媒体直播特别节目——《风华正青春》。

时光

这次大型直播报道是教育台历史上第一次实现重大主题报道24小时直播，也是教育台首次与主流媒体联合推出大型直播。

向彤台长亲赴北京中国教育电视台直播现场监制，并担任24小时直播的总主持人之一，在0点、12点和24点在北京主演播室承担直播主持工作。后方，大文书记在3楼播控中心值守，密切留意直播信号的安全。与此同时，我们在教视大厦7楼新闻演播室设立的上海直播点，不仅承担了多个点位的直播连线，还多次与北京主演播室穿插直播，成为24小时直播的重要组成部分。

为确保24小时直播的安全有序，直播团队、技术团队等提早研究、反复讨论、充分准备。针对直播过程中可能出现的《新闻联播》延时等应急响应需要，对6月30日、7月1日、7月2日的节目编播方案进行的大幅度调整，并制定多套预案，确保突发情况下，教育台播出内容的完整性。

教育台新闻演播室直播团队当时刚刚完成《我们一起填志愿》大型直播活动，24小时直播任务马上又接踵而至。在每天完成《教视新闻》直播工作的前提下，利用晚间和双休日，连续作战，做好24小时直播的技术保障。6月30日，教育台新闻演播室与中国教育电视台新闻演播室进行对接彩排时，之前传输完备的信号出现了问题，TVU设备传输的信号时而不稳定。为保证彩排和直播的安全顺利进行，技术保障团队决定用原备路方案替代主路，并经现场讨论研究，决定再用推流方式作为备路的方案。经过反复测试，迅速完成备份链路，同时也再三确认新主路传输的稳定性。

通过这次大型直播，检验了教育台在把握导向、节目编排、新闻报道和技术保障等方面的综合能力，更是绿叶人庆祝建党100周年的生动实践。

《旗帜·中国青年说》：在特别的纪年相遇特别的选题，一切的付出都值得！

2020年9月26日，"全国教育电视台庆祝中国共产党建党100周年百集大型节目《旗帜·中国青年说》启动仪式"在中共一大会址隆重举行。汇聚起全国各地教育电视台和高校使命与荣光的《旗帜·中国青年说》项目在上海按下"开始键"。

与以往的电视节目不同，《旗帜·中国青年说》需要导演组秉持着严肃、礼敬的态度，立足青春视角，通过鲜活的人物和动人的故事，讲好党史、新中国史、改革开放史和社会主义发展史。在100集节目中，上海教育电视台承担了包括第一、二集在内的13集节目的制作任务。考虑到节目以青年人视角的特点，我们在全台范围精选节目编导，但如何提高站位讲好红色故事？历史题材和现实题材如何差异化呈现？仍然成为摆在众人面前的难题。整个制作过程，并非一帆风顺。

时光

在《港珠澳大桥》中，我们借助所有能想到的途径，用各种方法去寻获资料，最终找到了大量珍贵的港珠澳大桥建造时的视频以及大桥建造原理的三维动态解说，更通过极强台风影响下，港珠澳大桥岿然不动的监控实景，真实再现大国工程背后硬核的中国"智"造。

在《香港回归》的选题中，由于严峻的防疫形势，无法实地前往香港拍摄成为编导团队必须克服的现实困难，而深圳是距离香港最近的内地城市，经过深思熟虑，我们决定将《深圳特区》和《香港回归》两集进行套拍，希望通过深圳罗湖口岸和中英街记录挖掘并呈现香港元素……像这样的例子还有很多。

《旗帜·中国青年说》不同于以往的节目制作，8分钟短视频需要把一个个历史事件全景呈现非常考验编导的功底。在第58集《深圳特区》开篇，我们用了1分15秒左右的篇幅进行视觉的铺垫和情感的酝酿，从总书记深切缅怀改革开放总设计师邓小平，引出了发生在深圳40多年前的故事，全景式呈现深圳波澜壮阔的发展历史。《澳门回归》中一首《七子之歌》抓住"回归"的情感主线，通过飞翔在澳门城市上空的白鸽，俯瞰澳门回归以来日新月异的变化发展和别样的风土人情，力求在写意和写实、表达与留白之间，引导观众在看到这些故事的时候，内心也能生发出动情的回味和长久的敬仰。

为了让作品更加贴近年轻人，我们启动了大量年轻编导，

《旗帜·中国青年说》成为他们挑战自我、历练自我的最好舞台。通过节目中青年主述人的求学故事和专业实践，我们感受到当代青年人的奋斗与拼搏，而所有青年编导也通过《旗帜·中国青年说》提升了业务素养，传递出积极向上的正能量。就像我们《海南自贸港》编导所说的那样："在建党百年的特别纪年，能与这样的选题相遇，回望祖国的沧桑巨变，用最诚挚的话语表白祖国，一切付出都值得！"

建党百年、全国两会、北京奥运、汶川地震、上海世博、成都大运……一件件大事面前，绿叶人用一次次的努力而为，赢得了观众、同行和我们自己的尊重。

三十而立，三十而"励"，相信未来，我们依旧会向新而新，这片绿叶也依旧会向阳而生。

姚赟勤
上海教育电视台副台长

时光

"区区小事"

　　1994 年初的冬天，寒意料峭。上海东北角一条叫阜新路的幽僻小路，每每清晨和傍晚总会显示出一阵子的烟火气，上午的煎饼果子，下午的油墩子和炸臭豆腐，有这么一拨人，围绕着煎炸的热气腾升，撩拨起他们的理想和未来。后来我才知道，这拨人是上海教育电视台的编导和记者们，教育电视台刚刚成立，他们是最早的绿叶人。

　　那年我 27 岁，年少气盛，辞掉了在大学毕业后的第一份工作，踌躇满志，干起了职业炒股的行当，和这些人一样都每天早出晚归。不同的是，他们有的扛着摄像机，有的手里拿着采访话筒，坐进采访车呼啸而去，而我则是裤兜里揣着手机，开着摩托车，从阜新路 25 号（上海教育电视台原址）门口匆匆掠过。

　　这里几乎是我的必经之路。因为阜新路的另一头就是我的家。没想到的是，我后来竟然和他们成了同事，并且和他们一起，把自己的青春岁月和美好时光，托付给了人称"绿叶台"的上海教育电视台。

那年 2 月 27 日，上海教育电视台开播。三年后，我加入了上海教育电视台，成为了一名报道部的记者。

一晃 30 年，回想起当时决定加入绿叶台，或许是种巧合，或许是冥冥之中的不期而遇。初创的绿叶台，事业升腾，招贤纳才，我大学本科学的是新闻专业，虽然当时还在华东政法学院攻读法律专业，想今后成为一名律师，然而教育台在上海电视媒体中犹如一颗冉冉升起的新星，吸引了众多年轻人的目光并加入其中，也让我这个在职场选择三叉路口的小年轻怦然心动。

我一直自豪自己是上海教育电视台的一分子，因为我伴随她的每一步成长，从初创、发展到转型，每一步都有让我感动的点点滴滴，我们这些人、我们这些事，我们一起在成长过程中分享其中的酸甜苦辣。

1997 年夏天，台长张德明交办我一个任务，去杭州出差，执行一笔法院判决的债务。一家生产保健品"速补康"的企业投放教育台《招生快讯》栏目的广告费有 10 万元欠款逾期未付，法院判决对方败诉，限期执行。10 万元在当时看来也不算是个大数目，可是对于初创期一分钱要掰成两半花的教育电视台，这可算是笔巨款。我心思，既然法院判决，执行起来也没啥问题，但是台长接着说了后半段话：一半是现金，一半是实物，让你去就是把实物给拿回来，现金部分你只要在执行文书上签字，法院就会转账过来，实物你想办法看怎么弄回来吧！我脑子一下子才反应过来，这可是件不太好办的差事啊！

在杭州，我看到这个濒临倒闭的企业仓库里满满堆放着滞销的"速补康"保健饮品和瓶装矿泉水，心想着，我要一分不少地把这些看似不太有啥用场的东西给拉回去啊，这些现在可都是教育台的财产！其实我有闪过这样的念头，拉回去有啥用呢？到杭州的第一天，我去了好几家买保健品的商店，打听"速补康"的销路，很多商家都不知道有这个产品，我寻思应该已经下架好久。我打电话把情况汇报给了台领导，决定由我押车把货物送回上海。

在货车停车场谈好了 500 元的运价，装满整整 6 吨载重的卡车一整车的物品，我和两名卡车司机踏上了回上海的旅程。因为要节约经费，卡车司机建议不走高速，而是沿着杭州湾从浙江海盐、上海金山、浦东新区最后到达教育台所在的杨浦区，这段路程足足要开 5 个小时，我把押运方案请示了台领导，台领导也和交警部门沟通了路线和时间，最终决定晚上 7 点到达杨浦大桥浦东段，并由杨浦交警派警员引导卡车到达上海教育电视台，因为按规定外地货车要晚上 8 点以后才能进入市区道路，考虑到整个路程的时间，我们得到了交警部门的大力支持。

卡车到达上海教育电视台在大连路 1541 号上的临时宿舍门口时，眼前的景象让我这个刚来不久的新绿叶人惊呆了，我看到张德明台长带着全台近乎一半的员工守候在临时宿舍前面的一小片空地上，大家齐心协力把一箱箱的"速补康"保健品和矿泉水搬运到底层的仓库里，我也顾不得旅途的劳顿，加入到"绿叶"搬运工的行列。

后来有同事告诉我，年底台里开总结表彰会的时候，把你运回来的"速补康"保健饮品礼盒装作为奖品奖励给优秀的员工，张台都舍不得作为福利发给每一位员工。或许是礼盒装的数量太少，或许是礼轻情意重，初创期的教育台看重每一滴辛勤的汗水，看重每一份付出后的来之不易。

这件从我开始认为的区区小事、不太好办的苦差事直到需要认真对待的大事，让我对这个绿叶台有了真真切切的感知。从 1994 年到 2000 年，教育台靠点点滴滴的节约和积累，仅仅用了 5 年时间，在新世纪矗立起了一幢让全国教育电视同行羡慕不已的属于自己的电视大楼。每每我踏进这幢绿叶大厦，我有时会条件反射般地撇一下原来临时宿舍所在的地方，现在这里的草坪停满了各式各样的小汽车，或许，当年老台长让每位员工都拥有一辆小轿车的梦想就是从我那次当作区区小事的押运任务开始的吧！

后来我又知道，老台长张德明每月要看电表的账单，他对电梯的耗电唏嘘不已，倡议员工上下一层楼走楼梯，因为电梯每停一次，耗电一度。后来我还知道，我们还会去"蹭会"，就

时光

是大大小小的电视节、广告节、节目交易会，几个人用一张入场证，目的是花最少的钱让更多的人见世面、领行情。1999年在广告部工作时，我还真跟着当时的副台长徐丹，到北京蹭了一次在那里举办的电视节。

现在回想起这些陈年旧事，似乎不可思议，滞销的保健品可以作为优秀员工的奖品，上下一层楼倡议员工走楼梯，堂堂电视台竟然要去"蹭会"。然而，这恰恰是创业者的必修课，没有筚路蓝缕，哪有一马平川。教育台也正是经过这样的修炼，才能在后来接受时代变局和行业竞争下的种种考验，开出一条属于自己的生存之路。

30年过去了，我从我的而立之年伴随教育台进入了她的三十而立，电视的高光时刻正在慢慢褪去，新媒体风起云涌，传统媒体进入媒体融合时代，上海教育电视台面临转变和蜕变，其实是又一次新的创业征程。一件区区小事，说的是不放过点点滴滴。

不积跬步，无以至千里！

王东雷

上海教育电视台总编室主任

1998 年，上海教育电视台记者深入抗洪一线，采访报道。

1998 年，大型主题晚会《伸出我们的双手》全国直播，共募集捐款
3800 万元。

时光

我愿成为那片向阳生长的绿叶

2005 年，我正式成为上海教育电视台的一名员工。记得面试结束，当时的老台长张德明给了我一本书——《绿叶飘起来》，让我读读，感受一下"绿叶精神"。时隔多年，一个个绿叶人的故事，依旧历历在目。十几年过去了，我也从初出茅庐的大学毕业生，成为了一个"资深"的绿叶人。以前常常在想，"绿叶精神"究竟是什么？前些年，集全台智慧讨论总结出了16 个字的"绿叶精神"。如今，在教育台大堂的显眼位置，"守正创新，团结协作，甘于奉献，追求卓越"这 16 个字无时无刻不提醒着每一个进台的绿叶人，这就是我们的初心。

守正创新，在 30 年教育台的发展史上，绿叶人秉持着"立足教育，服务社会"的办台理念，有太多这样的例子。从开台之初推出的《ETV 家庭教师》，到坚持服务考生 18 年的《高考咨询大直播》；从全国首个卫生直播节目《健康热线》到火遍全网的《健康演说家》，绿叶人一直有着贴近观众的金点子。进入新时代，传统电视遭遇前所未有的挑战。开机率的下滑，经营模式的转变，新媒体的冲击，让传媒人都感到寒冬已至。但内心坚定的人面对困难都会有无穷的力量。凭借着多年教育、健康、公益三大领域的深耕，近些年来，绿叶人的尝试从未停歇，反而面对形势的变化，倒逼我们做出了很多全新的尝试。以高考咨询大直播为例，节目已经服务考生18年，节目形式如何在保证权威性和服务性的同时，更符合年轻人的收视习惯。为此，我们推出了"校友记者带你逛母校"系列直播，教视记者深入沪上各大高校，以校友的身份向考生全方位推介自己的母校。在介绍学校的优势学科、招生政策的同时，更在实地探访中，带领考生走进学校教室、食堂、图书馆，一站式打卡未来大学校园生活。节目同步在教育台视频号、市教育考试院和各高校视频号直播，成为考生和家长了解心仪大学的贴心参考。

团结协作，这是刻在每一个绿叶人血脉里的自觉。还记得刚刚进台时，我的老主任很严肃地和我说，电视是团队协作的工作，就算记者稿子写得再好，没有摄像拍摄的画面，一切等于零。互相补台，好戏连台；互相拆台，必定垮台。2022年4~6月，是一段不平凡的日子。整整两个月的大上海保卫战，66位教育台同仁驻台坚守，同吃、同住、同工作。回想这段日子，还是有颇多感慨。记得刚开始几天，几位女同事还都每天化妆，比较注意形象，但到两周后，我们基本都见识了大家素面朝天的模样，但在我们心里这也是最美的模样。大家并肩作

时光

战，共克时艰，办公室里打地铺，泡面吃了十几箱。当时由于疫情，记者摄像都要身披大白，戴着 N95 口罩、手套、面屏、帽子，一样都不能少。随着气温逐渐升高，当时我们申请的采访车空调突然失灵，外拍时又担心气溶胶传染，再热的天也不敢开窗，基本回到台里大家都是湿透的状态。但也正因为外拍人员们严格遵守防疫要求，才能使我们即使多次去方舱、封控区报道，但一直保持零感染。聚是一团火，散是满天星，教育台永远是一支关键时刻能挺身而出的队伍。

甘于奉献，绿叶不与红花争艳，绿叶人也始终饱有甘为人梯的精神。在教育台一直流传着"兰州拉面"的故事，讲的是，当时开台之初，几位老领导深夜加班，在拉面店商量教育台发展的故事。随着事业的发展，教育台早已鸟枪换炮，我们有了多个智能化的演播室，教视大楼也成为了大连路上的一道靓丽风景。但是绿叶人的奉献精神和吃苦耐劳的精神从未改变。你能想象一个月完成几百个节目的近万名小演员的春晚录制吗？绿叶人做到了。在不影响日常生产的情况下，近年来，每年年底的双休日，导播、摄像、音频、技术保障……每个岗位都会有这个心理准备和思想自觉，这两个月我们不休息了。为的是在春节期间，每天几个小时少儿春晚的呈现。千家万户其乐融融背后是绿叶人的默默奉献。

追求卓越，这是上海的城市精神，也是绿叶人永远向前的不变动力。根据受众需求和时代变化，不断创新节目，成为了绿叶人的自觉。以《周末开大课》为例，习近平总书记在学校思想政治理论课教师座谈会上强调："办好思政课，最根本的是要全面贯彻党的教育方针，解决好培养什么人、怎样培养人、为谁培养人这个根本问题。"教育台第一时间组织学习贯彻落实讲话精神，并成立专项组，及时推出融媒体思政节目《周末开大课》。4 季周末开大课分别围绕"年轻的初心，青年的成长""我和我的祖国""逆·光""牵挂"等主题，结合大思政课、中华人民共和国成立 70 周年、抗击疫情和脱贫攻坚等时代大背景，进行节目的录制。每一季《周末开大课》都不会照搬前一季的形式，从演播室演讲到现场授课，从远程连线到实地走访，节目组始终在求新求变。都说电视是遗憾的艺术，每一季结束后，栏目组都会研讨总结，那些遗憾也都会在下一季中去尽量弥补实现。追求卓越就是永远不满足当下，拒绝躺平在舒适圈，这也是一个电视人该有的样子。

绿叶，是上海教育电视台的台标，也是每个绿叶人的精神内核。绿叶，不与红花争宠，选择默默奉献；绿叶，永远向阳生长，从不向困难低头。我愿成为那片向阳生长的绿叶。

时光

金山
上海教育电视台新闻中心主任

和青年人一起思考

——从"中国名校大学生辩论邀请赛"到"周末开大课"

"与谁同行和去向哪里,哪个更重要""网络拉近还是疏远了人际关系""净化网络的关键是否在于道德自律""跳槽是否有利于人才培养""选择越多越痛苦还是越快乐"……从具体到抽象,从热点到学理,大学生辩论赛辩题每年的征集和研讨是组委会最为严谨的工作,而辩题一旦发布就会成为当年青年学子的热议话题。

无论辩手还是观众,年度最期待揭晓的还有大决赛点评嘉宾,学者舒乙、金庸、余秋雨学贯中西,教育家复旦老校长谢希德、"中国肝脏外科之父"吴孟超院士德高望重,主持人敬一丹、白岩松、王志、杨澜、窦文涛家喻户晓……他们都曾亲临辩赛,为观众拨云见日,将深邃的辩题清晰呈现,将紧张的比赛变成真挚交流,他们的学识和魅力成为辩赛的点睛之笔。

电视辩论赛离不开理性的思考,也少不了感性的表达,包括港澳地区的全国近百所名校的学子们通过比赛充分展现了当代大学生学识素养、思辨能力、机敏睿智和语言风采，彰显了华语辩论的无尽魅力，辩论赛造就了一代跨世纪的人才。小品、质询、盘问……不断更新的"上海赛制"得到了青年学子的认可，而他们的大胆尝试、巧妙构思、生动表演也不断成为辩赛新亮点。无数辩手、教练、领队在教育台搭建起的这个平台上享受辩论和交流的乐趣，潇洒地面对成败的结果，然后继续蓬勃地生长，在各个领域发着光彩。

这就是"中国名校大学生辩论邀请赛"的魅力。上海教育电视台自1995年起，连续14年每个冬天在浦江之滨召开全国青年学子思想交流的盛会，在绿叶荧屏上奉献一道有思想、有内容、有幽默、有智慧的精神大餐。

言说辩论赛当年的辉煌自是有无数的文章，而我也算是和辩论赛颇有缘分。当我还是一名大二学生的时候，作为学校辩论队一员参加了当年中国名校大学生辩论邀请赛的备赛全程。然而由于来沪人员名额有限，终究还是与辩论赛失之交臂。当年的我虽然未能亲赴绿叶台赛场，但主办方贴心地给我们两位未到沪的小队员也发放了参赛纪念证书。几年后，我来到教育台工作，参与了第10～14届全部比赛的组织工作，每年从春天到冬天，从邀请参加队伍到组织专家论证辩题，从赛程规划到演播室、参赛手册的设计，再到每一位嘉宾每一位队员来沪的大小事宜……2005年冬，我即将成为一名新手妈妈，但还奋

时光

战在辩论赛的筹备工作中，演播室为辩赛特别制作的布景刚刚完成，我站在台上请同事拍了一张工作照并且分享给我当时大学辩论队的老师和队友，和他们分享我新阶段的成长和收获。

是辩论赛，引发了青年人跨世纪的哲理思考，辩论赛成为教育台一张闪亮的名片。新发展阶段，教育电视台依然在探索怎样扣住新时代青年的思潮，怎样将思考沉静下来、信念鼓舞起来。2019年，我和同事成立策划小组，在台领导的直接指导下，研究了央视、江浙、湖南、上海等多家媒体推出的各类理论节目，充分结合上海学子特点和挖掘自身优势，扣住"青年"和"思政"两个核心词，推出年轻语态的理论节目策划方案，在当年台内节目策划评比中得到一等奖，姚赟勤副台长还为栏目想了一个好名字"周末开大课"。

2019年五四青年起"周末开大课"开播了，围绕"年轻的初心，青年的成长"，邀请沪上大中学校思政优秀教师，集合爱思考爱研究的青年学子，共学共研，精心制作8堂电视公开课。巧的是应邀而来担任"马克思教你谈恋爱"主嘉宾的华东政法大学的彭扬老师也曾是我们"中国名校大学生辩论邀请赛"的辩手。

"周末开大课"通过年轻化的视角探讨当代青年的成长话题，让思政教育与学习生活"贴"起来，让理论知识与实践报国"融"起来，让电视大课在浅入深出中"潮"起来。"周末开大课"开在上海教育电视台电视频道,除了官微、官网推出外,也同步登陆易班网 PC 端与移动客户端,还与优酷、阿基米德达成合作,同步推出《周末开大课》视频和音频的"网络课堂"。不久,还开到了"学习强国"平台,也开到了高校校园,成为触角丰富的融媒体思政课。

《周末开大课》后续几季都是扣住当年时政热点或者重要事件来策划。第二季恰是祖国七十华诞,精心遴选的"体育中国""经济中国""健康中国""法治中国""工匠中国""能源中国""师道中国"和"学习中国"8 个主题,请到 8 所上海名校党委书记或校长主讲,发出"祖国有我"的感召;由年轻学子回应,表达"我有祖国"的自豪!主持人变身课代表,与爱思辨的大学生共同组成"青年观察团"。这个"课堂"还延伸到大学的实验室、博物馆、模拟法庭、实训教室、产学研基地等场所,让年轻学子通过镜头实地感受新中国各项事业发展的伟大成就,激荡爱国情,燃起报国志,让青年人与时代进步、与国家发展同频共振。

待到《周末开大课》第三季时,我们全体工作人员和观众都经历着一场疫情的考验,结合上海高校构建"云上思政"的大格局,把全民战"疫"的鲜活素材带进课堂,把"战疫最美逆行者"医生、护士、志愿者、公卫专家等请进课堂,展现了战"疫"前线,60 后、70 后、80 后、90 后,每个时代的热血

青年逆行驰援、熔铸信仰与使命的初心。把人人与国家同向同行的凝聚力注入课堂，让青年学子和观众们更加深刻地认识抗疫之战中所彰显的大国担当，进一步解读中国共产党领导和中国特色社会主义制度的显著优势。

《周末开大课》第四季，以"牵挂"为题，栏目组又来到田间，用脚步丈量丰收的田野，近距离体验脱贫的喜悦。结合上海各高校对口扶贫，走到西藏、青海、云南的扶贫一线，也邀请到上海高校的扶贫老师，用镜头生动地讲述了上海教育扶贫的精彩故事。

从辩论赛到开大课，教育电视台与青年人一起进行时代的思考。

拥抱时代，勇立潮头，明辨思想，发青年之声。绿叶葱茏生长不息，教育电视台一直在路上。

范冬虹
上海教育电视台节目中心主任

1999 年，为庆祝上海解放五十周年，承办《爱国荣校——上海市千校校歌大汇唱》。

做一颗闪光的"螺丝钉"

教育台即将迎来 30 周年庆。幸福的喜悦总是容易淡忘，刻骨铭心的是那些艰难困苦。翻开张德明台长的《播撒希望》和绿叶三部曲—《绿叶飘起来》《永远的绿叶情》《绿叶为什么》，一幕幕场景又浮现眼前。现在也到了开台初期那些属"老黄牛"领导们那时的年岁，深深为他们那时开拓者的勇气和激情所折服。

"技术部的员工，就是要甘居幕后，甘做螺丝钉，甘为铺路石。"这是分管技术中心的谢家骝书记常挂嘴边的一句话。于是乎，梁肇荣主任带着技术部上下不谈条件，不行、不能、不可以……凡是带"不"字的词，很少出自我们之口。有条件要上，没有条件想尽办法照样上。带着理工科生爱较劲的思维方式，我心里暗暗想："不管是螺丝钉还是铺路石，是金子就要发光。""讲团结、比贡献、奔事业"，大小会上台领导的激情动员，让头脑简单的我，也不管任务轻重，越挫越勇。于是乎，在困难和挫折中一路成长。

不停转的大小播

1994 年教育台开播后，每日需要一定的播出节目量等着来填补，台里的编导忙碌着策划和拍摄，两个大小演播室天天不停机，一个狭小的导控室里背对背安排了两套切换设备，大小播操作人员大家背对背，音响大了难免互相干扰。遇到小播录新闻，大播停下来中断片刻。负责大小播操控的是我和谢瑞铠，曾经一起睡过编辑机房的伙伴，在这个螺丝壳的导控室，六年天天相处倒也相安无事。大播操作人员不够，小播会伸出援手，我们坐着带滑轮的工作椅，在狭小的空间里，方便背对背错位交叉工作。

坐在工作椅上操控着编辑机，一会儿滑到字幕机前敲打字幕，工作效率蛮高的。实在分身乏术了，就教会编导在调音台上帮着推音量，在切换台上帮着按字幕键。我负责的大播，既负责演播室里的摄像技术，也要做现场导播，还要用切换台来完成节目的后期精编工作。靠着钻研英文操作手册，把大播百余件设备如何详细使用搞清楚了，我能用编控机来控制切换台、特技机、调音台和多台录放像机，减少了来回奔波操作的麻烦。还能将以前所有编辑点重新调出，在播出带审片后的修改时，迅速找到当初的编辑位置，把 A/B 带放入即刻修改，极大地提高工作效率和质量。

大型历史歌剧《西楚霸王》在沪演出，盛况空前。编导过

时光

玲找到我，询问能否用多个单机拍摄后回来剪辑？我想到编控机可控多个放像机的功能，何不采取多机位录制呢？于是和编导、摄像们一起去录制现场，带了根视频线，将三台摄像机的时间码同步锁定好，分配好各摄像的拍摄景别和关注点，各单机完整地录制。我们两侧的单机灵活机动，实现了市台依靠转播车录制的效果。第二天我再用编控器一拖三，顺利地完成切换后的粗剪，其他同事完成节目精剪和字幕合成等，比市台同行还早播出两天，获得了良好的收视反响。

"健康热线"直播处惊不乱

翻到那张"健康热线"直播现场照，记录了教育台的第一次直播现场。台领导张德明、汪天云，还有教委的领导，紧贴着坐在我们后面。当时对直播画面的过度关注，我早已经忘记了那个场景下的紧张。

怎么做导播的？大概因为是负责大播经受现场录制的锻炼吧，从录制简单的"绿叶风"串联词到切换校园歌手现场演唱的画面，从不懂不会到熟悉熟练，就这样不知分量轻重，直接担任了直播导播。1996年4月26日20：05分，第一期时长40分钟的"健康热线"直播节目从阜新路的教育台传送至千家万户，自此"健康热线"连续直播了十多年。

阜新路演播室的第一次直播故障。"健康热线"直播前夕，我们按常规与播出机房校对信号无误后，直播正式开始。片头播放完毕，切回演播室现场，通话设备里突然传来播出机房的声音：没有声音，只有画面。面对突发情况，导控室内马上紧张起来了，可是我们现场视音频信号一切正常啊！立刻让播出机房切到了备播带，我才得以脱手来检查故障原因，"现场音响中的嘉宾声音都正常、放像机正常，难道是送播出机房信号有误？"脑中一闪念，大致的故障点马上推断出了……故障排除后，这场戏还继续唱下去吗？我说备播带中间有个片头开刀点，我们这节目可以正常连上。狄善乙老师一声令下，播出机房马上紧接片头后，又切回到演播室直播现场，主持人镇定自若，衔接得天衣无缝，电视观众也许还蒙在鼓里。

教视新大楼启用后，《健康热线》的直播，导播工作转接到编导，我担当技术保障一职。全新的数字化演播室系统，可谓是考虑周全了。即使是切换台发生故障，应急切换开关也能工作，调音台也是双电源支持。诸多考虑，可以说是万无一失，但又一次直播故障又让我遭遇了。

与播出机房的信号校对工作都已就绪，"健康热线"直播在即。就在将要按倒计时走直播流程，突然演播室里主持人说：返看电视机里没画面了。"是否线缆松动了"，我一边在思考着，这时通话设备里又传来播出机房说信号中断了。可是我们现场电视墙信号一切都好！直播倒计时已开始了，已来不及检查故

时光

障了，先走应急方案吧。我马上告知播出机房，准点播直播备用带。然后迅速判断出故障点问题：D/A转换卡的故障。台里500平演播室也有一块同款。马上奔赴楼下演播室，拆下换上，果然故障马上排除。导控室里我们临危不乱，演播室里主持人镇定自若，没有给现场嘉宾带来恐慌，保证了直播能够继续下去。

两次播出事故，都是自己的切身经历，也为此写过事故报告，但并未因此受到批评，台领导对一线操作发生故障的宽容，让我们查原因，总结教训，锤炼了我们的抗压能力，也激发了不断创新的动力。正是因为平时对技术系统链路的熟悉，才能迅速判断出故障点并准确排除。

"黄埔一期"的艰难时刻

1999年正是互联网泡沫盛起之时，我深刻感受到网络技术将在未来的广泛应用，广播电视行业肯定也不例外。考虑到原有的电视工程知识结构还存在不足，需要补上计算机网络技术一课。

恰巧2000年秋上海交通大学计算机工程系，开办了计算机网络技术在职研究生班，采用现场授课点与多个网络授课点相结合的方式，借助上海电信宽带机房，在上海市区除了交大徐汇校区现场授课点之外，还有两个网络授课点，一个就在教育台旁，另一个在浦东。这是交大采用网络技术第一次开设的在职研究生班，授课教师均为计算机系的教授，采取与全日制研究生同堂同卷的考核要求，《随机过程》《图与网络》《模糊逻辑控制》《分布式操作系统》《计算机安全学》等课程，字面上看都有些晕，还有数学专业基础课，学业难度之大，被同学们戏称为"黄埔一期"。授课时间为每周两个晚上加一个周末全天，须连续两年在职情况下完成学业，学费也是不菲。当我向台里提出学习的申请后，张德明台长爽快地同意了我的申请，条件是需要通过全部课程的考试。

两年多的时间里，常常因工作加班而无法上课，好在第二天，浦东授课点上重复课程，于是我就赶到那里补上缺席的课程。浦西的夜课结束后，要赶紧赶上去浦东的末班公交车，到家常常是晚上十点以后了。孩子那时还只有 5 岁，靠着家人们的支持，以及坚持不懈的努力，终于以优良成绩，完成了课程学习。在今后的技术改造工作，对网络技术的使用也就比较容易理解了。

高清化改造的考验

2015 年起面临的是教育台高清化改造重任。台领导提出技术改造前，须做概念定位设计，涉及改造相关区域和环境的整体性改造。技术中心不再局限于传统的视音频系统技术改造，需要从全局考虑，即包括舞美及场景设计、功能配套用房改造等涉及基建类的改造需求，都纳入高清化技术改造之中。

作为项目负责人，从项目申报、方案设计、设备选型、供应商洽谈，到项目招标和具体实施，许多都是第一次遭遇到的，或者翻阅基建档案，查阅水电风、消防结构的技术图纸和验收报告等资料，或者请教基建专家和开大基建老师，就这样在困难中摸索着前进。

立项申报，需要向教委基建部门递交详细的申报材料（设计方案、预算材料等），经受专家对方案和预算的询问质疑。设计前期，要详细了解改造区域现状：水电风以及消防设施状况，甚至建筑结构。否则，方案审批通过后，设计图无法转化为施工图，或因预算不足而无法实施，或因消防要求而改变设计，施工图也无法转化为实景图。教视大厦筹建组前辈们留下的建设档案和过程资料，完整详细，成了我借鉴的样板，为后续的维修工程改造减少了弯路。由此，从项目立项申报、需求意见征询、方案修改讨论，经受专家们的评审质疑，终于走到了方案审批通过后的实施。

项目实施，也有无数的考验等待着你。从需求再确认、深化设计、审图确定、商务招标等，到项目开工后的例会讨论等工作。既要做预算分配，又要管施工细节。竣工验收后，组织使用培训，确保实现教委对改造项目的绩效要求。可谓是经过九九八十一难，才能修成正果。

结束语

在教育台 30 年来的成长，得益于教育台提供的舞台，得益于党组织的引导，得益于领导们的指正，得益于与一群有追求的同事们同行。至今耳边依然会响起党总支书记谢家骝的教诲，尤存书记的教导，道玲书记亲切的询问；常常会闪现一幕幕的场景，伯安书记对我书面报告斟字酌句的修改，大文书记对我管理工作的指导。

十六字的"绿叶精神"无论是过去还是未来，都是激励我奋发前行的座右铭。工作上的高标准严要求，是激励着我们不断进步的动力。当今的媒体技术人员，相比过去，需要承受更大的压力和技术难题。要成为一名称职的工程师，首先是热爱技术，有认真仔细的工作素养，有严谨缜密的逻辑判断，更要有不怕困难、勇于试错的决心，以及甘于默默无闻的"老黄牛"精神。"办法总比困难多"，技术中心的年轻人在成长，教育台一定会有更美好灿烂的未来。

王金海
上海教育电视台技术中心主任

时光

绿叶台，有幸与你同行

时光荏苒，光阴似箭，不知不觉中上海教育电视台已走过了 30 个年头，几次想提笔写点什么，却思绪万千无从下笔。30 年在历史的长河中只是短暂瞬间；对年轻的上海教育电视台而言正是青春年少；对我而言，与台 30 年的风雨同行终身难忘。

1993 年 7 月的夏天，上班报到的第一天便听到了单位即将解散的消息，还没有正式上班的我就面临着再就业的选择。不久，我们被告知上海教育电视台即将成立并公开社会招聘的消息。抱着试一试的心态，很多同事都参加了教育台的招聘考试，最后有六位同事收到了录取通知，我有幸成为其中一员。1993 年 10 月底，我怀着忐忑不安的心情走进了四川中路 220 号 204 室，开始了绿叶人的生涯。

作为一名职场小白，刚刚上班的那段日子，我跟着前辈们边看边学，从发放招聘人员录取通知，到每天中午发放餐券，哪里有需要就奔向哪里。徐丹老师带着我外出做背调，夏爱维老师带着我去跑广告客户，每天的日子忙碌而充实。

随着招聘人员的逐步到岗，204办公室的空间变得拥挤而热闹，2个多月后，我们就搬到阜新路25号8楼、9楼，我也成为了总编室的一名编辑。1994年2月27日台庆开播晚会的倒计时，意味着我们即将登上了一辆高速奔跑的车，只能向前冲。为了保证开播后的正常运转，总编室和制作部门加班加点制作播出带，保证一定量的节目储备。记得开播前一次连续几天通宵加班后我就回家休息了。等我再上班时同事告诉我，张德明台长得知我连续加班在家休息后，叫同事不要通知我回台开会，等我休息好了再来。领导简单的一句话，其他人可能都已经不记得了，对当时的我而言却是非常的感动，至今想起来还十分暖心。

串联单的编排、节目卡片的填写、节目带的入库等琐碎的工作都是从无到有，领导带着我们去上海电视台取经学习，逐步建立起总编室的各项规章制度。在琐碎和繁忙的日常工作中，我像海绵吸水一样汲取养分，学习专业知识。

1995年7月4日，上海教育电视台晚间节目开始自行播出，这在当时是上海几家电视台中唯一的一家。6月份我调到技术中心播出部，经过一个月的培训后正式上岗。上海教育电视台自行播出的第一天，坐在播出机房的切割台边，我紧张而激动，庆幸自己能亲历这一激动的历史时刻。播出工作要求高度的责任心和耐心，在播出部期间我也保持了当时最长时

时光

间的播出安全无事故记录。还记得 1996 年 11 月的一天晚上上班时，突然间灯光晃动，整改播出机房好像摇了一下，半天我们才反应过来可能是地震了，但当时我和同事啥也没说继续坚守岗位到下班。后来才知道当晚上海附近东海海域发生了 6.1 级的地震。

随着台广告业务的发展，广告部内务管理需要专人专岗。1997 年初我到了广告部，从头开始边学边干，建立起了广告合同的管理，还负责编排广告串联单和制作广告播出带，解决了一线业务员的后顾之忧。

1999 年底，绿叶大厦建成使用，我们搬进了 2 万平方米的绿叶大厦，办公环境焕然一新，绿叶人的干劲也越来越大。

老绿叶人可能还记得这句话——"大河有水小河满"。上海教育电视台的经营收入和每一个绿叶人息息相关。建台初期，台内全民动员，人人参与广告创收，每个部门都有创收指标。经过了初期的原始积累阶段，2002 年，台里将经营活动的管理归口到广告部，加强广告部的专业队伍建设，同时让节目生产一线的部门专心做节目，提高收视率，用高收视率来吸引广告。广告部加强了对广告市场和节目收视率的研究，采取灵活多变的广告手段和多种合作方式，走上了专业化转型的道路，广告经营进入了良性循环，广告创收每年大幅递增。2009 年，随着广告市场和广告经营模式的转变，通过市场招标的方式，台里开启了广告经营总代理的模式，广告收入稳步上升，2013 年达到了 1.5 个亿的历史最好水平。随着广告业务的提升，广告合同越来越多，广告投放量越来越大，我们的收入和生活也越来越好，而我也忙得不亦乐乎。

上海教育电视台的 30 年，见证了传统电视高速发展的 30 年，我们经历了传统媒体最好的时代，也遇见了前所未有的困难和挑战。随着新兴媒体的迅速增长，在传统媒体广告经营面临不断下滑的形势下，2017 年，台里的广告经营结束了 8 年的代理经营，回归到台自主经营的模式。传统媒体的广告市场也走入低谷。

2019 年，在孙向彤台长的带领下，上海教育电视台重新出发，完善了各项管理制度，对现有的部门和岗位进行了重新的调整和定位，设立了广告经营管理部，重组了绿荧公司经营团队，确立了以整合营销为核心的广告经营策略，探索多元化经营发展之路，全力打造"绿叶生态圈"。

与上海教育电视台同行的 30 年，自己也从懵懂少女逐渐成熟，从职场小白到独当一面，很庆幸在这里度过了人生最美好的时代，和一群有着共同理想的绿叶人携手同行。面对变化纷呈的世界，不进则退，我愿和大家一起秉持着"守正创新、团结合作、甘于奉献、追求卓越"的绿叶精神，携手奋进，早日实现将上海教育电视台打造成为适应移动互联网传播、以教

时光

育为核心、以视频为基础、以服务为价值的新型教育文化传媒机构的美好愿景。

顾洁
上海教育电视台广告经营管理部主任

当我们和世界工业接轨的同时

2002 年，大型文学剧《知识改变命运》在上海大剧院上演。

自建台起，每年的教师节主题活动都是本台工作的重中之重，图为 2005 年教师节主题活动《师恩》。

时光

绿叶 初心 使命

此刻上海教育电视台开播 30 周年之际，回顾进台这四年多的日日夜夜，太多的回忆和感悟回绕在脑海……

回想起 2015 年来上海教育电视台，是为了教视新闻片头改版项目，当时带了一批 SMG 制作部的同事来和教育台沟通交流，直至最后通过 3 轮比拼拿下这个项目，这是我第一次来上海教育电视台，和台里的领导编导等打交道，感受到他们的专业和认真。2019 年 5 月，我正式踏进上海教育电视台的大门，担任上海绿荧文化传媒有限责任公司总经理，彼时一个人一间办公室一套办公座椅，而任务是尽快重启上海绿荧文化传媒有限责任公司运营，责任重、压力大。一边尽快熟悉教育台情况和流程后，马上启动相关人员招聘流程，在 1 个月的时间里将公司行政、财务等人员配齐，开始公司的运转；一边熟悉公司的过往业务和合同、财务等情况，开始公司正式商务运营。至2019 年年底，建立健全了公司架构和管理体系，建立完善了一整套公司管理制度；举办了上海教育电视台 2020 年品牌推荐会，全面向社会展示了全新的上海教育电视台形象，打造适应移动互联网传播，以教育为核心、视频为基础、服务为价值的新型教育文化传媒机构，取得了良好的社会反响。

2020年是承上启下的一年，这一年围绕讲好上海教育故事的核心目标，围绕德智体美劳"五育并举"的思想，积极组建绿叶育人平台，为教育台开拓新的受众载体和市场。合资成立绿叶传媒有限公司，注册资金4000万，公司投资2040万元，其他2股东投资1960万元，运营绿叶育人平台项目；合资成立上海红翊文化艺术发展有限公司，注册资金200万元，公司投资90万元，其他股东投资110万元，运营线上线下青少年艺术类教育项目。同时和教育台各部门对接节目创新及项目创收，运营了《人民监理员》《上手乐》等结合线上线下的节目，取得了非常好的商业价值，拓展了新的市场和客户。

2021年是融合发展的一年，在原有综合保障部、财务部、广告事业部、节目活动运营事业部、音乐事业部、内容运营事业部基础上，按照上级要求，整合了上海远大学习广场教育科技有限公司、上海白玉兰影视有限公司，公司架构为6部3公司。为此公司加强推进公司内控管理，逐步建立集团化公司管理体系和出台相关政策制度。在疫情影响下，带领团队对内做好服务，对外积极拓展市场，规范运营，发扬"守正创新、团结协作、甘于奉献、追求卓越"精神，在教育、健康医疗、民

时光

生三大领域精耕细作，在节目创新、市场开拓、对接各类资源，在做好传统电视媒体的同时，积极开展教育新媒体建设，开展各类线下活动。公司广告、电视制作、电视播出等经营性收入同比2020年显著增加，通过节目、活动与市教委、市卫健委、市民政局、市公安局等建立了良好沟通，并与中国银行等建立了良好的商业合作。

2022年是挑战的一年，2022年留给我最大的挑战就是要用有限的时间、有限的空间来完成年度工作和任务。在近半年的疫情防疫的情况下和公司各级员工的不懈努力下，认真规划落实疫情下的市场发展和业务调整，广告、电视制作、电视播出等各项经营性收入同比年初预算有所增加；推进公司内控管理，建立集团化公司管理体系和出台相关政策制度。

2023年是固本、创新、服务的一年，后疫情时代，广告收入急剧下滑，市场缺乏资金流动的情况下，在年初及时调整市场战略方向，在原有业务的基础上，开发了广播电视系统集成项目，以宁波银行新媒体演播室为突破口，填补了广告收入下滑的缺口；同时利用好教育台及绿荧公司资源，服务下属公司，为下属公司发展提供强有力帮助。同时将内部管理再提效，经营工作再上台阶，管理服务两手抓，内容生产经营一盘棋，以传统媒体创新新媒体拓展为基石，多元化经营，做好服务本地生活，做大做强绿叶品牌。

尤记得在应聘面试会上，上海开放大学张副校长问我：你事业编制，历年SMG先进工作者，为啥脱了事业编制去换上海绿荧文化传媒有限责任公司企业编？我的回答是：上海绿荧文化传媒有限责任公司是上海教育电视台全资公司，教育是国之大器，教育传媒更是有责任做好传播的职责，我既是一个经验丰富的市场营销，又是一个合格的经营管理者，我今年50岁，正好是一个黄金年龄段，我愿意为打造上海教育电视台成为适应移动互联网传播，以教育为核心、视频为基础、服务为价值的新型教育文化传媒机构出一份力。这句话至今在我耳边回响，它将继续促进我做好本职工作，为申城这片绿叶做出我应有的贡献。

陆彦
上海绿荧文化传媒有限责任公司总经理

时光

与"健康之城"共同成长

　　回望 30 年，上海教育电视台的一系列健康节目品牌一直走在行业的前列，我有幸参与其中，认识了一些人，一群医者，守护市民的生命安全和身体健康；见证了一个时代，一个城市，让健康万策融入百姓生活。

　　1994 年开台初期的"家庭保健"，有着那个时代电视节目深深的烙印，医院内景拍摄，朴素的场景，专业的语言，中规中矩的访谈，在一个信息还不够发达的年代，让养生、保健的概念悄然走进百姓心中。

　　1996 年，在电视直播开始蓬勃发展的年代，我们及时迅速抓住当时的百姓需求，开创全国首档医学电视直播节目"健康热线"，12 年一如既往的每周直播，使上海教视的健康节目真正成为了连接医院和百姓之间的桥梁。那时，从院士到各学科主委、各级医疗机构的主任级专家，纷纷将他们的科普首秀奉献给了"健康热线"，也助力我们构建起了强大的专家资源库。极高的收视率，也反哺到了各专家的门诊，往往一次直播之后的几个月，专家门诊就一号难求，医学专家们也充分感受到了做科普的红利。

在网络媒体初兴的2013年，"健康大不同"以一种崭新的节目样态亮相，一群年轻编导以年轻态、活泼的、接地气的方式做健康科普，他们带领摄制组走到百姓中间，把热心观众请进演播室，良好的现场互动气氛，使健康节目充满着智慧和活力。参与节目主创的编导，也深深领略到了医学专家们严谨治学和热爱科普所散发的人格魅力，他们极高的人文底蕴和普世情怀，像教科书式出口成章的发言，让年轻编导们叹为观止。在这些医学大家的指引下，健康节目团队中的每一个人也逐渐养成了善于探究、细致严谨的习惯。不断精进的屏幕表达能力，使得2015年推出的TED类创新演讲节目"健康演说家"，有了更多艺术创造和学术专业的完美结合。

我很庆幸，30年，一直坚守着健康科普，时时有新的收获。我所在的教视健康节目团队，几代人也一直走在创新的路上不停歇。每一次的节目创新，也同时见证着上海市民健康素养的提升。20世纪90年代，"健康热线"的忠实观众是用家庭录像机记录下节目的有效信息，而今天，获得健康科普信息的方式是随时随地打开手机，看专家看名医也变得不那么难。上海在保障和提高市民健康水平、创造高品质健康生活方面成就突出，全国首个省级中长期健康行动方案——《健康上海行动

时光

(2019 ～ 2030)》出台，一座健康之城的建设如火如荼，医学科普人才辈出。我们，也很幸运成为健康之城建设系统工程中的一个小工程。

多年来，团队的每一位都时时刻刻在思考怎样的节目形态能被受众更喜欢，怎样用老百姓听得懂的语言做科普。思考中，我们迎来了互联网信息技术爆发的时代，用现代的技术链接我们的健康科普节目成了我们新的创新点。"谢谢侬"家庭医生技能风采秀，以一个亿的曝光量火热了 2019 年的那个夏天，也是我们第一个完全意义上互联网传播的产品。我们努力将短视频作为全媒体科普平台建设的特色，多渠道多媒体传播发力，集合采集、发布、传播、联动等功能，为健康科普提供了多元化的平台。

时光来到 2020 年，民众的健康素养已经有了很大的提高。全国首档大型健康科普电视脱口秀节目"健康脱口秀"，连办三年，以其独树一帜的节目理念和新颖时尚的科普方式，获得了全网 22 亿人次的传播和业界的赞誉。感恩上海市卫健委健康促进处王彤处长的勇于跨界破圈，感谢第一季 25 位选手，他们陪伴着我们团队一起拓荒开路，成就了健康脱口秀第一季的精彩。第二季的 40 组选手，他们用更高质量的文本和表演创造了健康科普短视频的千万流量。是这些聪明、有趣、坚韧的"健脱"小伙伴，给了我们全力以赴的勇气和底气，第三季全国邀请赛的 52 组选手，用更有质感的表达和我们一起见证了健康科普破圈的实力。

每一个健康知识点，就在每一个精彩的健康故事里，也在每一颗不变的健康科普初心之中，我们精心制作的视频，哪怕有一个知识点让老百姓记住了，就是我们最大的欣慰。时尚、融合的健康科普脱口秀、理念先进的科普演讲、沉浸式的线下科普演出，很契合上海这座城市。2023 年上海的市民健康素养水平已经达到 39.42%，如今的上海，生活中处处是健康促进，健康科普已走进千家万户。

如今，我们团队有了新的任务：上海健康频道融媒体建设。这将是一个更大的平台，可以实现健康科普多向传播、精准传播，可以更广泛展现医学科普多元化的风采，可以孵化更多的医疗专业融媒人才。在健康科普的道路上，愿我们行则将至，做则必成。

周荃

上海教育电视台主持人

时光

芳华如歌之三个十年

如果坐上时光机，回到 25 年前，今天的我会对当年的我说什么？

我的工号是 1998003，是的，我是 1998 年元旦刚过加入的绿叶大家庭。一转眼，已进入第三个十年。回想着这一路，许多瞬间留存在记忆的长河里，仿佛吉光片羽，随意采撷，每一个回眸都弥足珍贵！

绿叶台于我，是给予我事业发展机会的平台，更是滋养我成长的沃土。作为电视人，我的记忆由一个个自己做过的电视栏目和电视片以及无数的拍摄场景串联起来，我和我参与过的电视栏目一起记录和见证着上海近 30 年的城市发展和时代变迁，与有荣焉。

第一个十年，那是电视行业和家装行业的黄金时代。我们《家庭装潢指导》栏目组游迤在上海的大街小巷，走进人们刚刚装修好的新家，余薇娇俏、宇韬帅气，采访室内设计师阐述设计理念，为大家解析装修风格，檀正勇的镜头唯美而大气，配上我写的诗意解说词,为大家呈上风格独具的《样板房欣赏》。它带给人们生活美学的新观点,引领了沪上室内设计与装潢的流行风潮。《家庭装潢指导》栏目荣获 2003 年度全国优秀教育电视节目评比一等奖,那时,我们风华正茂。

做电视人最幸福的是,可以借助工作的机会走近大师,聆听他们的教诲。得益于绿叶台得天独厚的资源,我采访过东方明珠设计者江欢城院士、桥梁设计大师李国豪院士、蔡氏妇科传人蔡小荪先生、上海市特级校长洪雨露……

因为工作的关系,我来到复兴路的弄堂,采访著名声乐教育家周小燕先生,拍摄了专题片《乐魂》。彼时小燕先生已八十四岁,她兴致勃勃地请我们吃西瓜,在开机前回房涂上口红,狮子女时刻都要美美的。约我们外拍时,远远地看到她穿着束腰风衣,足蹬八公分高跟鞋,风姿绰约地走向镜头,那一刻我有了永远的女神。

为完成《一代名师梁思成》,一个深秋的下午,我和摄制组在北京东城骑河楼胡同《自然之友》编辑部采访梁思成先生的儿子梁从诫先生,梁先生温润谦和,和我追忆着自己的父亲母亲;在清华大学建筑系,梁思成先生的遗孀林洙女士捧出梁先生生前手绘的图纸和手稿,让我们尽情地拍摄,这样的良辰不可多得。

拍摄《名医大家——国医大师裘沛然》时,九十四岁的先

时光

生送我他的著作《人学散墨》，里面有他给世人开的良方：养生"一花四叶汤"，一花即身体健康长寿之花，四叶，即一为豁达，二为潇洒，三为宽容，四为厚道，让我受益良多。

做电视人的另一种幸福就是，可以借助工作的机会接触各行各业，了解世情百态。为了拍摄电视大学优秀学员邮递员胡建菁凌晨四点上班的镜头，我和檀正勇、罗浩健三点半从台里出发，街灯昏黄，早餐店已开始洒扫，第一班送报送信的绿色邮政车缓缓驶进邮局，邮局的传送带已开始忙碌……

在第二个十年里，和顾琳一起做《市民大学堂》还有《说戏》之昆曲系列、越剧系列。100集《家政课堂》之中餐西餐烹饪、中点西点制作、咖啡葡萄酒品鉴；100集《乐活手册》之插花、园艺、服饰搭配、瑜伽；去朱家角拍实景《游园惊梦》、从《红楼梦》唱段里品味越剧的优雅……那些每天学习未知的新知识，再用电视的手法来传播它们的日子是快乐而充实的；统筹制作13集海派中医流派纪录片《杏林流芳》，又让我一头扎进中医中药的博大精深、药香神韵中，深入了解各个流派的历史脉络，与流派传人成为朋友，编导组倾心投入，为绿叶荧屏奉上了文化精品系列片；2016年，《家装新主张》再度以600万的合同额回归教视荧屏，继续我与家装节目的悠长缘分。《健康大不同》栏目组四年历练，积累了健康医学知识，认识了许多优秀的医学专家。

迈向第三个十年，2017年接手《银龄宝典》栏目，重新出发，潜心耕耘。从最初的养老知识小白，一路摸索前进，我们制作《长护险护理要点》《守护记忆大城有爱》，每年到新国际博览中心搭台，宣传国际养老产业展；我们遍邀各大医院康复科主任、专科主任分享老年人常见病康复护理知识，栏目及时发布权威的养老服务资讯和政策，传播家门口的养老服务，成为沪上银发族的生活好帮手。七年时间，和栏目组小伙伴一起把这个全国首档居家康复护理电视栏目做到了台自制栏目收视率名列前茅，在上海和长三角拥有了广泛知名度，2022年度《银龄宝典》栏目《养老服务政策情景剧》系列节目荣获中国电视行业协会科教节目一等奖。

流年似水，光阴如梭，我们一起吃过青青园的简餐、四平饭店的早点、荻心阁的毛血旺、夏朵的意面。看过和平公园的四季风景，分享过无数同事们报告幸福的喜糖和喜蛋。捧过许多次年终表彰大会的鲜花，也经历过栏目调整时的彷徨。在上海的各个街区留下过我们意气风发外拍采访的足迹，在一盘盘播出带卡片和片尾字幕上留下过自己的名字。从编导到制片人，学会了团队合作，也懂得了悦纳自己。

我记得，制作教育台成立十周年专题片时，有一个镜头，在一楼半带库里，沈柏林老师和庞飞在一排排装满播出带的架子间行走工作。如今，数字化转型，我们已经拥有了自己的云

时光

端媒资库。教育台也从传统媒体走向媒体融合，大屏小屏联动，在场在线在播。时代赋予我们新的使命，我们必须步履不停，笃行不怠！

泰戈尔说，我们在热爱这个世界时，才真正活在这世界上。芳华如歌，歌词密密写，曲调深浅吟，如果坐上时光机，回到25年前，今天的我会对当年的我说："小姑娘，认真工作！用心生活！不负韶华，无悔青春，人间值得！"

袁莉

上海教育电视台节目中心副主任

2006 年起，《我们一起填志愿——高考咨询大直播》为广大考生提供切实服务。

时光

绿叶，我们的故事，未完待续

教育台即将 30 年，我做"绿叶人"，已然超过 20 年。二十几年间，走过青春少艾、三十而立，成为乘风破浪的姐姐，我与绿叶、与行业、与时代同行并肩，追寻着教育传媒人的职业梦想，也在三餐四季、人间烟火的生活中安身立命。

采撷几个时间截面，记录下我们彼此的缘分。

1994 年，对于我们来说，都是个起点

1994 年的我，跟随家人回到父亲阔别了 30 年的上海。当年，正值初三，未来的画卷徐徐展开，但也朦朦胧胧、不甚明确，全凭年少时要读"复旦"的执念，我一鼓作气考上了复旦附中，之后又就读了复旦文科基地班、新闻学院，开始了和媒体行业的不解之缘。

1994 年的教育台，绿叶萌生，万物更新。作为省级专业台，2 月 27 日正式开播，立足教育，服务社会，链接起教育与电视，践行着媒体的使命与责任。《ETV 家庭教师》《绿叶风》《招生快讯》等节目一炮打响，片片绿叶飘进千家万户。

2004 年：绿叶十年，还没做"家长"的我，开始做《家长》

2004 年的我，入职两年。这一年，台里开办了《家长》栏目（也就是今天《帮女郎》前传），一档 25 分钟自制日播新闻专题节目。它，向台里的新生力量发出征集令。于是，我义无反顾地告别了之前有点安逸的小编辑生活，带着激情和年轻的冲劲儿加盟了这个充满未知和挑战、高强度高压力的新栏目，整整七年，坚守在采编一线岗位。

《家长》栏目塑造了我的职业轨迹，也改变了我的人生轨迹。那些年，外出采访感受的人世间百态，巴延迅、单忠、周军、曹麟等如兄弟姐妹般同事们的相互扶持，还有李宗强、余军等永远行在前、撑住天的前辈们，给了我在媒体行业的感性与理性、底气和底色、厚度和容度，感谢致敬！

2004 年的教育台，频道全天候整时段打通，节目一体化编排，不仅频道形象焕然一新，也带来了更大的社会效益与经济效益。荧屏进行了全方位的 CR 设计，闪亮新包装。继数字化改造之后，对网络生产模式进行了数字化建设，即将迈入数字化元年。不断开拓客户，挖掘新的广告品种，广告收入创收突破七千万大关。

2009 年：一个爱流泪的导演，撰稿并执导了绿叶十五年庆典晚会

时光

尽管之前一直都在一线担任记者和编导，也协同其他导演制作过数场大型的晚会，熟练了解其流程和环节、重点与难点、甘与苦，但这一次却全然不同。因为，我要站出来，贡献力量，承担责任。

每个人都会有生命中诸多的第一次，经历的过程就像是"内外升级打怪"。在筹备这台晚会的过程中，有觉得时间太紧、任务太重，完不成目标的恐慌时刻；有一边写串联稿一边处理协调各种事务的极其繁忙时刻；有觉得自己思路枯竭、心力交瘁，躲在洗手间偷偷哭泣的崩溃时刻……这真是难熬的一个月！

但幸运的是，最终，我坚持下来了。感谢参与庆典晚会工作的每一个人，特别是陈继红、李奕、王洪英等，台前我们共同奉献的是艺术，台后共同体验的是职业精神和对这份事业的热爱，每个人都是主角，每个人都很重要。

2009 年的教育台，迎世博倒计时 300 天，推出大型电视活动《迎世博魅力社区展示》，精彩诠释"城市，让生活更美好"；成功获得全国两会采访权，新闻部首次派出 5 名同事赴京参与两会报道，独特视角广受好评；六楼演播室改造，节目制作踏入高清门槛；广告经营模式转变，克服重重困难保亿成功。

2019 年：继续书写绿叶的历史，守正创新，追求卓越

"25 年，从菁菁校园到万家灯火，从新闻资讯到品牌活动，从诗书文化到科创之光，从天天健康到社会公益。让教育插上电视的翅膀，让电视播洒教育的阳光。

25 载寒暑春秋，激荡求索。深耕教育，深耕上海。舆论导向正确，教育特色鲜明，科学知识丰富，文化品位高雅，荧屏形象清新。

知否？知否？绿叶成荫子满枝头；知否？知否？绿叶葱茏总是春天。

25 年，桃李春风一杯酒，我们执手同行，共度传媒人生。"

绿叶 25 年庆典，担任总撰稿的我，有感于怀，写下了这段串联文案，这是对台的礼赞，更是与全体绿叶人 cheers！

2019 年的教育台，迎来新的发展机遇，承担起讲好上海教育故事的使命责任，致力于打造适应移动互联网传播的、以教育为核心、以视频为基础、以服务为价值的新兴教育文化传媒机构。

我也就任新的工作岗位，和颉宁主任一起，携手大活动部的小伙伴们，心怀热望，栉风沐雨，奋发进取。相继完成"绿叶少儿春晚""谢谢您，我的老师""小研究员讲科普""百年统战，与党同行""戎耀申城"专题栏目、"绿叶品推会"等项目、活动。

2024 年，绿叶 30 年，我们的故事，还在进行中。

周媛
上海教育电视台大活动部副主任

时光

绿叶人，追光者

向光而行，只为热爱。

十年前，我来到了上海教育电视台。从一个习惯用纸和笔讲故事的纸媒人，归零成了一名电视"小白"。怎么约采访、怎么剪片子、怎么做访谈，一切从头学起。

原本以为新闻功底还算扎实的我，可以快速"切换"角色，但是没想到考验一个接着一个。相较于纸媒的表达，电视新闻更立体、更直观，要求也更高。冗长的 3000 字整版稿件，可能只给你 1 分钟时长来讲述其中的精彩；对于成片"手速"的要求，用"争分夺秒"来形容也毫不夸张……

有短板，就把它补齐。事先怎么沟通？现场如何把控？提问怎样切中要害？一个个在编辑间里"熬"出来的大夜，一次次采访前的"做功课"、采访后的"交作业"，见证了我的成长。

脚下有路，心中有爱。

十年，是时光长河中的弹指一瞬，也是生命里的无悔青春。

记着，看见的事实；记着，倾听的故事；记着，抵达的现场。

一篇篇新闻的背后，不仅有鲜活的人物、感人的故事，还有百姓的心声、改革的成就。

上海学生的数学成绩为何会引起英国的关注？上海的数学教师被邀请到英国执教后，给当地带去了哪些改变？在PISA测试中多次摘下第一名的上海，又在教育改革上做了哪些探索？从PISA测试延展出的采访，是我进台后"战线"拉得最长的报道。直击过家门口普通小学的数学课堂，对上海教育改革的推动者们做过专访，还采访过时任英国教育大臣、后曾担任过英国首相的特拉斯……在客观讲述新闻事实的同时，一个个生动的案例得以呈现，基于学生个性化发展的科学决策，也让上海教育的创新做法成为世界各国的共享见解。

"我们一起填志愿——高考咨询大直播"，则是我进台后参与次数最多的直播。每年高考放榜后，同学们的"去向"就成为了社会关注的焦点。为了更好地服务考生，"我们一起填志愿"的节目样态不断发生着改变，从大屏到小屏、从场内到场外，而我在其中的"角色"也经历了串联稿撰写、流程把控、提问审核等多个岗位"切换"，在完成自我挑战的同时，也真切感受到了观众对上海教育电视台的认可，感受到了"心中有人民"的职业幸福感。

向市长提问百姓的教育关切、与人民教育家于漪老师一起畅谈改革开放、"约见"高考改革背后的推动者……写着我名字

时光

的一盘盘卡带、一摞摞光盘，如今已经成为片库里的"珍藏"，它们也记录下了我从一名"电视小白"到新闻主编的蜕变。

追光成迹，沐光而行。

身处变革的时代，新闻记者的价值何在？越是众声喧哗，越需要冷静克制，以事实为准绳，呈现客观平实报道；越是表达多元，越需要理性自持，以更加专业的素养和敏锐的洞察，凝聚更加广泛的社会共识。特别是作为一名绿叶人，我们的新闻不仅要有启发、有引领、更要能影响更多的年轻人。

追逐光，靠近光，成为光，散发光。在追光的路上，一档档好节目，也反哺着我。融媒体思政公开课——《周末开大课》在新时代背景下应运而生，思政内容视频、音频、图文产品多样态、多渠道推出，打开了我的"新视界"。而技术赋能也在不断拓展新闻报道的边界。建党百年之际，本台与新华社、中国教育电视台联合推出的24小时大型全媒体直播特别节目——《风华正青春》，通过多点位的现场直击、演播室与现场的实时联动、专家学者的观点碰撞，让节目以"亿"为单位进行了现象级的传播。参与其中的我，也从撰稿、连线记者等多个"角色"中，再一次得到了历练，收获了成长。

肩上有责、脚下有泥、心中有光。因为心中有热爱，所以寒来暑往，奔走的脚步不曾停歇；因为笔下有担当，所以披荆斩棘，于风云激荡中追逐新闻的荣光。

绿叶人，追光者。与时代同行，为历史注脚。

我们相信，心底的声音；我们执着，真相与真理；我们发声，为那些沉默的人；我们歌颂，最平凡的暖意。我们，永远向光而行！

张贤贞

上海教育电视台新闻中心副主任

时光

"绿叶"陪伴，人文行走工作大有作为

2023年12月，在华东理工大学商学院4楼，上海市第19届全民学习活动周开幕。在当天的开幕式上，"上海市民终身学习人文行走系列主题活动"获得2023年上海市"终身学习新品牌项目"，同时，人文行走的卡通人物"小行"也在开幕式上向全市发布。作为人文行走这个项目的负责人，感触颇多。

人文行走作为市教委、市文明办正式发文推进的一个市级品牌项目，办公室设立在上海教育新闻网。2021年11月，按照两委机构改革有关部署，上海教育新闻网交由台里承担建设，人文行走工作也一并归台里管理。在台里的两年多时间里，台领导对这项工作给予了极大的支持，孙向彤台长、顾大文书记亲力亲为，多次召集我们统筹、谋划、讨论，对人文行走工作给出指导和关心。很多事情历历在目，温暖和感动一直留在我的脑海里。

我记得在第一次关于人文行走工作的汇报研讨会上，台领导班子都百忙中抽时间出席，体现了台领导对这项工作的重视和支持。孙向彤台长在会上提出，人文行走原来做了很多卓有成效的工作，也取得了成绩。项目到了台里，一定会有更好的发展机遇，会大力支持，这个项目在台里只会越做越好，越做越大。这句话让项目组的同志，包括我很受鼓舞。因为当时正值疫情反复期间，不便于线下会议，顾大文书记召集了各个部门负责同志进行电话视频专题会议，会上，各部门负责同志的发言，鼓励，使得人文行走工作有了更多的资源、更好的发展平台，以及更大的想象空间。

为了更好地发挥人文行走在学思践悟党的创新理论学习资源作用，孙向彤台长敏锐及时提出，要服务正在开展的学习贯彻习近平新时代中国特色社会主义思想主题教育，利用人文行走原有的积累学习线路资源，策划追寻习近平总书记上海足迹，感悟习近平新时代中国特色社会主义思想伟力的人文行走主题活动，这个设想得到了人文行走专家及党史专家的高度认同。因为主题内容政治性、思想性、专业性强，规范性要求高，2023 年 4 月，在台党总支顾大文书记牵头下，我们和上海教育新闻宣传中心、上海教育电视台等兄弟部门有效协同，前前后后召开十多次专题会议。我清楚记得，在协调两委相关处室、市文明办领导会议时，因时间原因会议几经调整，两位台领导给予了极大的理解和支持，并不辞辛苦从其他会场赶过来，甚至是从崇明的会议现场赶回来，使得主题活动顺利成功举办，

时光

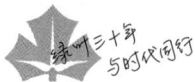

并于 5 月面向全市发布"行走人民城市,感受思想伟力"8 条学习线路。线路一经推出,就取得良好的社会反响。截至 2023 年 11 月底,共有近 50 批次 2000 多人参与线下行走,线上平台访问数量 5 万余次,用户学习次数 4.4 万余次,成为了上海街头一道亮丽风景线。

因为有"绿叶"的支持和陪伴,人文行走市级主题活动从往年的一个拓展到 2023 年的四个,有力地支持了业务委托处室的中心工作。同时,为了充分利用人文行走的线路资源,人文行走工作与市教育工会合作,在 2023 年教师节的新教师入师入会仪式上推出了 8 条面向新教师的人文行走线路,并精心制作了视频和学习手册。为了探索人文行走与上海开放大学思政课结合,以行促学,2023 年 9 月我们在上海开放大学秋季开学第一课,将人文行走纳入开放大学的课程体系。为了把人文行走学习资源转化为"大思政课"实践教学资源,开门办思政课,我们又与上海体育大学合作,2023 年 12 月推出了"青春奋斗路"思政课实践教学创新项目,并召开"大思政课"重点试验高校建设推进会,市教卫工作党委沈炜书记在会上给予高度评价。项目同志在具体落实工作中,传承"绿叶"精神,敢于奉献、勇于担当、团级协作、服务社会,多次得到职能处室和各级领导的肯定,市教育工会的领导给予高度评价说:"视频有大片感觉,手册很有品质,教育台做事都是大手笔,总会给人惊喜,没有让人失望。"

在人文行走工作在推进过程中，因为工作管理的流程、制度上与原来有差异，加上人员的不太熟悉。大事小事都要麻烦台里的各个部门，大家没有任何的推诿和怨言。办公室、总编室、财务处、新闻中心、大活动部、学习广场等部门都热情帮助。每次寻求需要协助时，我听到的最多的一句话就是："没问题"。

上海是文化之城，有深厚的文明底蕴。上海又是革命之城，红色之城。无论是革命情怀的红色文化，海纳百川的移民文化，还是波澜壮阔的民族工业让上海的文化元素更加多元立体，红色文化、海派文化和江南文化交织融合，成为上海的城市基因。这些丰富的教育资源，需要市民们去行走，去感悟，不断提高城市文明程度和市民人文素质。

人文行走工作就是通过深度挖掘上海的经济、社会、文化、历史等方面的文化内涵和教育价值，形成"人文修身学习点"，通过主题特色、文化内涵，将学习点串联起来，形成人文行走学习路线，引导市民寻找、发现、参观、记录、体验、分享，去"感受""感知""感悟"，通过行走，观城市建筑；通过阅读，品城市文化；通过学习，润人文情怀；通过修身，立正己之德。通过人文行走，形成不同学习主体学习圈。

目前，人文行走工作已经累积了 87 条市级学习线路，近500 个学习点，区级学习线路近 300 条，学习点超千个，是广

时光

133

大市民除课堂、网络、团队、体验后的又一种新型学习方式。

岁序易，华章新。我相信，随着人文行走工作加入到教育台这个大家庭，凝聚多方力量，汇聚各方资源，有着"绿叶"的陪伴、守护，有"绿叶"精神的赋能，人文行走工作一定会大有可为，大有作为。

李泽军

上海市终身学习人文行走办公室主任

上海教育新闻网常务副总编

我的绿叶缘

2023 年 6 月 16 日，我坐在创想 E 策评选现场的观众席里。台上，同事们展示着一个又一个创意方案。虽然之前我已经看过大部分方案的 PPT，但是听到"小叶子，怎么办"的创意方案主题时，我还是感觉被什么突然击中了……天哪，我想起来了，我也有"小叶子"！

正是 34 年前，出自 6 岁的我稚嫩笨拙小手的"小叶子"。当然，这"小叶子"与咱们台小叶子完全没有可比性，咱们小叶子是位可爱的 AI 小姑娘，我家的"小叶子"，简单来说，就是一片有脸有手有脚的树叶，说起来，跟烹饪调料中的香叶还特别相像呢。不过，对于从小就内向总是宅家的我，它要算我的第一个好朋友了。而这从天而降的奇妙巧合，正适合为我与绿叶的不解之缘打开记忆的大门。

毫无悬念的忠实小观众

生活在上海，20 世纪 90 年代小学在读的朋友们，是一定不会错过绿叶台的好节目的。这不，请来回答几个暴露年龄的问题吧。看过《辛巴狮子王》的请举手！看过《花仙子》的请举手！看过《番茄超人》的请举手！看过……好啦好啦，我看到你们的手啦，也请你们接受我实名的羡慕，虽说已经过去30多年了，我现在都还记得非常清楚，那个每天放学之后，绝不流连放学路上的各种小吃零食，也不去同学家串门，而是在最短的时间内赶回家做作业，一心只想着赶在老爸下班之前，好多看一会儿绿叶台动画片的小女生。毕竟老爸一回家，那属于我的绿叶台可就只好让位给"大人看的频道"啦。

不过信不信由你，突然有一天，绿叶台在我家也升格为"大人看的频道"了呢。之前从来不看绿叶台的老爸，竟然也开始掐着点调到我最熟悉的台了呢，而且呀，全家人都愉快地等候着这个时段一起排排坐在电视机前。说到这里，上海的观众们一定差不多能猜到，是什么节目让我终于可以不用烦恼怎么跟老爸抢电视机了吧。再说了，虽然我们有那么多"大人看的频道"，也有专门的"小孩看的频道"，但哪个节目能像咱们绿叶台彼时精心引进的《成长的烦恼》那样，能让全家人其乐融融地一起观看呢？更不用说，潜移默化中教会我们怎样成为更加相亲相爱的一家人。

意料之外的幸运受访人

时间来到 2002 年夏天，刚刚经历完中考，我度过了一个多月没有暑期任何作业，只有妈妈做的各种美食，悠闲而美好的假期。虽然不太愿意承认，但彼时的体重非常合情合理地飙升到了我人生的巅峰。要说开学呢还有差不多一个月，在见新同学前稍微恢复一些体型也算是在可控范围内，然而，就在这当口，我迎来了人生中最出乎意料又最严重的形象危机——电视台的记者要来采访我！我要上电视了！节目会在绿叶台播出！

中考是我人生的一大重要转折，我从一所非常普通的初中，以全区第二名的成绩考入了重点高中上海中学，虽说一般大家都不会去记住第二名，第二名也不怎么具备新闻性，但是这位我现在已经完全想不起长相和姓名的记者小姐姐，却给我上了人生第一堂新闻报道课。

再没有时间给我减肥啦，采访按照既定时间开始，我穿上家人"精心"挑选的黑色衣服，忐忐忑忑地端详着深邃的摄像机镜头，然而记者小姐姐并没有给我任何时间去盘算什么"显瘦"，她认真而专业地引导我回顾和思考自己在学业上的成长过程。家人非常惊讶平时内向沉默的我，面对她竟然开始侃侃而谈，谈学校如何管理引导、谈老师如何因材施教、谈家人如何言传身教……我也非常惊讶地发现，原来看似一人独行的学习之路，竟有那么多人在我不知不觉中施加了影响、给予了帮

时光

137

助，让我能够有机会成为那个夏天绿叶台观众们的有缘人，为他们送上我与无数莘莘学子得以共鸣的一点体会。

非常时期的忠实驻守者

2022 年春天，有幸进入绿叶台工作才两个年头的我，和一群小伙伴们一起，做足了 5 天冲锋陷阵的充分准备，却临危受命成为了要打 60 天持久守卫战的战士。然而，战场与战士始终是相互成就的，现在回顾那段措手不及的时光，不得不感叹一句，非常时期让人飞速成长可真不是瞎说的。

不消说，大家都几乎在一夜之间，学会了如何做好一、二级防护，并且很快就从穿脱起来手忙脚乱出一身汗，熟练到了能够全副武装地演习、检测、外出、采访……虽然大家打起地铺来是各有各的风格，但遵循最新的防控规则和管理流程，遵照规定即刻启动应急预案，却井然有序，谁都不马虎。虽然食物匮乏且众口难调，却没有任何人抱怨，大家互通有无，自动自发地帮着分发物资，更不会忘记给赶上过生日的战友绞尽脑汁送上一点小小心意……

要不是有那段时光，可能我还没能熟悉咱们台里那么多位同事，更别说搞清楚他们喜欢的泡面和自嗨锅口味了。要不是有那段时光，可能我也不会知道，台里有这么多可爱的地方，不知道晾晒在 5 楼平台的衣服干得那么快还那么香，不知道看起来不大的仓库里竟能放得下那么多的防护物资，清点起来能花上整整一上午，不知道咱们后院里有那么高大的桂花树，还有果实红得跟宝石一般的石榴树……

施文捷
上海教育电视台办公室

时
光

2008 年，在汶川地震一线，为孩子们组织《跨越千里，传递真情》六一直播节目。

2008 年，教视记者深入汶川地震灾区采访报道。

时光

发扬绿叶精神 让青春行稳致远

2016 年 7 月，我和大多数毕业生一样，怀着对未来的憧憬走进了工作岗位。记得初到教育台时，我就被绿叶蓬勃向上的发展形势所感染，听着前辈们讲述他们过去走过的路，看着身边一个个忙碌奋斗的身影，仿佛有一股无形的力量在心中升腾。我常常想，"守正创新、团结协作、甘于奉献、追求卓越"这16 个字的绿叶精神其实正是一代代绿叶人艰苦奋斗传承下来的，回想起自己工作以来的点点滴滴，绿叶人带给我的感动和激励无处不在，而这份绿叶精神也从曾经的抽象在一次次生动的实践中变得更为具体。

一、"锚定目标能把事情做完，孜孜以求能把事情做好"

2022 年 10 月 15 日，大型纪录片《大先生》成功登陆教视荧屏，反响热烈。为了尽可能全面获取于漪的影像资料，助力《大先生》节目创制，作为该项目的内容主创，刘君老师花费了很多时间和精力，她通过绿叶媒资库仔细检索了台内曾经关于于漪老师的各类报道和专题，在这个过程中，我们也听她说起了很多关于绿叶台和于漪老师之间的经历和故事，与此同时也被她的专业精神深深打动。"年轻人可能不知道，其实于漪老师是第一批登上绿叶荧屏空中课堂授课的名师。在上海教育电视台开播之初，于漪老师便登上了《ETV 家庭教师》负责主讲语文课，这也是我们台最早首创的一档电视家教类节目；2004 年教师节时，于漪老师参与了我台《世纪讲坛》栏目《怎样学做人师》专题讲座；2005 年教师节，她参与了《师恩》主题节目；上海世博会那年，81 岁的于漪老师还专程为我们录制了《世博一课》……这些都是于漪老师留给绿叶的宝贵的影视资料，我们要好好珍藏。"原来，在教育系统中于漪这位泰斗级的专家，是我们教视绕不开的重要人物。可以说，"几乎每一代教视记者，或多或少都采访过于漪；几乎每一位编导，或长或短都拍摄过于漪的专题片。"在《大先生》一书中收录了刘老师这样一段话。据了解，为了更好地建构全篇内容的框架，深度了解人物，从而透过文字和镜头的力量，让观众走近于漪老师，刘老师利用自己休息的时间大量阅读于漪老师的相关书目，线下聆听专家讲座剖析人物，花了很多的精力和心思，这才有了《大先生》扎实的脚本内容。"锚定目标能把事情做完，孜孜以求能把事情做好。"我想，刘老师身上这份专业、专注的力量会持续地影响着我、激励着我。

时光

二、"只要能拍到想要的画面，这趟就来得值"

回头看，2021 年是党的百年华诞，作为上海教育电视台的一名青年党员，能够在这样重要的时间节点参与庆祝建党百年百集大型节目《旗帜·中国青年说》的制作，我深感荣幸，也倍感自豪。在所负责的第 84 集选题为《上海自贸区》的编导任务中，再次思考、复盘这期节目制作的全程，从查阅相关资料、撰写脚本再到拍摄后期，有很多令人难忘的故事。临港新片区作为上海自贸区进一步扩大开放的战略功能区，这里的拍摄成为当时我们编导小组收尾的最后一站。在团队到达南汇嘴观海公园的时候，已经差不多快到正午了，海岸线的风景很美，万里无云的天气让人的心情一下就变得开阔了起来，摄像老师朱晓峰见状，迅速调整机位，寻找最适合青年主述人的呈现角度，拍摄持续进行着……然而，在差不多快要结束的时候，我们意外发现相机内置镜头右下角出现了一个似有若无的黑点，为了不影响画面，朱老师急中生智决定转换 4K 超高清模式拍摄，以最大程度保证画面的完整性。当然，这也就意味着我们之前的内容，很多都要废弃。6 月的临港，烈日下暴晒的时间越来越长，我们的耐心也被不断消耗着，就这样几个小时下来，摄像老师的胳膊也晒伤了，但他却一脸轻松地和我们说："只要能拍到想要的画面，这趟就来得值！"

"凡百事之成也，必在敬之。"无论是脚本还是镜头，要想呈现出最好的画面，就必须和一个个细节死磕。好的内容需要打磨，需要精准有效的沟通，更需要团队的并肩作战。其实上海自贸区的文稿在提交教育台"旗帜"导演组审核前就已经做了数十次修改，在我遇到困惑时，王东雷主任更是不厌其烦地为我解答，让我的思路更加清晰，可以说在党的百年华诞之际，参与到《旗帜·中国青年说》导演组，对我而言不仅是一次技能的历练，更是一次宝贵的成长。

三、"不断学习，积蓄能量，努力成为复合型的多面手"

习近平总书记曾经说过："每一代人都要走好自己的长征路。"进入新时代，站在新起点，走好新长征，需要我们准确聚焦改革发展的新需要，努力成为复合型的"多面手"。对我来说，转型的前提基础就是学习，只有抓住每一次机会，向实践学、向同事学、向书本学，才能真正锻炼本领，增强技能。进台七年来，从频道编排、收视率研发、大活动撰稿、舞台监督、项目招投标到各类对外宣传，我在学习成长的过程中不断挖掘自己的潜能，很庆幸我遇到了一群可爱温暖的绿叶人，更庆幸能够在绿叶这样的大家庭中成长。

2023年，我有幸参与到了台媒体融合主题教育调研项目，在和领导们走访相关单位的过程中，我看到了各家拥抱互联网新思维、新方式、新技术和他们天马行空的想象力。例如"四

时光

川观察"，同样发端于老牌传统媒体，在建设初期，他们以短视频为主要发展路径，依靠内容和独特的 IP 形象在互联网时代争得一批流量红利。随之开发的"四川观察 App"则通过掌握本地化运营优势，开启便民医疗、教育、房产和民生服务，强化区域媒体的聚合力和影响力。再如"深圳广电"，他们把时政和民生结合，做强政务、服务、商务，成立短视频团队做全网传播解决方案；与此同时，他们成立数字科技团队，让技术、研发一体化，集成打造移动端综合门户，正向迎接融媒时代向传统媒体发出的种种挑战。在这样一个过程中，我看到了适者生存、勇者先行，也清醒地认识到改革之路不可能一蹴而就，任何一种成功必定经历了无数艰苦的磋磨，传统媒体人有对内容的积淀和判断，新媒体人有互联网思维和技术，只有把几种优势结合起来，我们的新媒体产品才会有更广阔的空间和可能。新媒体时代奔涌而来，这也启示着绿叶更多年轻人要抓住趋势，主动培养独立思考和判断能力，积极应变、求变，不怕吃苦，不畏挑战，这样才能对得起媒体人的使命责任，肩负住时代对绿叶人的考验。

张菲
上海教育电视台总编室

使命在肩 步履不停
我和教育台共赴"而立"的十年

2013 年年初，还在读大四的我向上海教育电视台投递了简历。经过两轮面试，最终我进入教育台当时的新闻部工作，2013 年 7 月正式入职。那一年，我 22 岁，教育台 20 岁。弹指一挥间，如今我已陪伴教育台十年。在我和教育台共赴"而立"的这十年中，传统电视行业发生了翻天覆地的变化，我个人也得到了巨大的成长。任凭时光荏苒，只要教育电视台的使命在肩，前进的步伐就永不停歇。

十年来，我也始终在问我自己一个问题，我的新闻理想、我的新闻使命是否得到了一些实现？ 2013 年从复旦本科毕业时，我的新闻学系的同学们，还是有不少人选择了新闻行业，包括不少同学在深造后，也依然坚定选择了从事新闻行业。但这十年来，随着传统媒体行业的不断衰落，越来越多人选择了转行，并且也取得了非常突出的成绩。那么，这十年来，我和教育台的共赴"而立"，究竟有哪些收获呢？

时光

十年来，教育台给了我快速成长的无限可能和广阔的发展空间。无论在新闻中心主要承担什么任务，十年来我始终都在新闻采编一线。从上海开始新高考改革试点，到新高考正式落地，再到新中考改革；从"减负"到"双减"，上海始终走在国家教育综合改革的最前列，始终在教育信息化、教育现代化上承担着"先行者""排头兵"的重要使命。立足上海，更要放眼全国。新疆喀什、西藏日喀则、青海果洛、云南红河州，在许许多多上海对口支援和教育帮扶地区，我真正体会到了祖国有多大，教育的差异有多大。

十年来，我时刻都在反问自己，我的工作，创造了什么价值？我的新闻报道、我主要负责的节目，有没有对一些人有帮助？如今，回首这十年，我可以说，有一些价值，有一定帮助。传统的王牌节目《我们一起填志愿——高考咨询大直播》从电视端到网络端、手机端，再到采用更丰富、更年轻化的直播形式，帮助了一年又一年的考生，也得到了主管部门、学校招办、家长和学生的认可。之前我担任执行制片的《我想采访你》和《升学与就业》栏目，也在助力大学生就业、助力各年龄段学生们顺利升学、传播社会正能量等各个方面，获得了好评，得到了许许多多正面的社会反馈。相比之下，反而是我的新闻报道，还是平庸了些、传统了些。

过去十年，传统电视行业在媒体融合转型、新媒体快速发展的重压之下，开始了痛苦而艰难的改革。一时之间，似乎传统的就该被摒弃，追热点、上热搜也成为了许许多多传统媒体的"心之所向"。2023年3月以来，我开始负责教育台新闻中心的"言传申教"项目，要在直播上、在短视频上做出一些东西来。而经过半年多的努力和实践，我越发感觉到，十年前我在新闻学课堂上所学到的东西，正变得越来越重要。那就是始终坚持正确的舆论导向，始终坚持新闻专业主义，传递对社会有帮助的正能量，帮助有需要的人，同时不该要的流量坚决不要。

未来十年，我希望可以在上海教育电视台，在正确的舆论导向下，在多平台融合的传播模式下，去做一些真正接地气，真正到教育第一线去，真正到老百姓身边去的报道和节目，去听一听来自教师、家长、学生真实的声音。未来十年，我希望我依然可以坚持时刻问自己，你的报道、节目有价值吗？我希望未来十年有一天，我可以理直气壮、非常自信地回答：有很大价值！有很大帮助！我相信，那一天，上海教育电视台也会在上海、在全国有更大的影响力！

我想，从20岁到30岁，正是弱冠到而立，是一个初出茅庐的年轻小伙儿逐渐成为一个年富力强的青年人。从30岁到40岁，所要追求的就应该是"不惑"，是在充满"惑"的路上，去寻求真理和答案，并且通过自己所学的本领、和上海教育电视

时光

台媒体的影响力去告诉更多人，去传播更多正向的价值和意义。

祝福上海教育电视台"三十而立"！也希望我和教育台在接下来的十年，也可以共赴"不惑"，做更多、更有意义的事情，使命在肩，步履不停！

杨扬

上海教育电视台新闻中心

这是绿叶台的三十而立
也是我的记者十年

2013 年，刚从大学毕业的我，踏入上海教育电视台的大门，开启了媒体生涯。时光荏苒，已经是十年"老记者"的我，一路走来和大家并肩前行，也迎来了绿叶台的 30 周年。

一、新闻人永远在路上

刚进台时，我有过一段难熬的时间。那时，初出茅庐的新闻小白，不知道新闻在哪里，也不知道如何去挖掘。看着我在办公室"画地为牢"，领导颇有些怒其不争。一番"深刻"的谈话下来，我记住了时至今日依然铭记在心的话，新闻人永远在路上。

在每年新闻中心的报道任务中，都有一个常规又非常重要的任务，全国两会。我想讲讲 2017 年作为前方报道组在北京的故事。3 月的北京春寒料峭，当时我的压力很大。一是在于会议本身的高规格和高要求，对于记者本身的专业素养有着极大的考验。如何围绕教育热点和民生大事选取题材，采编出当天的报道。在两个星期的报道期间，这是我每天都在考虑的问题。二是在单线作战的情况下，如何克服时间和空间的束缚。不同于上海两会，全国两会只有我和摄像两人能去到现场，人大、政协、代表团驻地却又在不同的地方。因此，根据选题定好采访的代表委员，再来设计每天的路线图，采访完成还要赶回宾馆迅速出稿，成为了我的常态。三是突发情况很多，极为考验随机应变的能力。在采访过程中，我遇到过事先约好的代表委员因病请假，也有过录制的同期内容不准使用的无奈，不肯接受采访的例子更是数不胜数。面对这些情况，就必须及时地调整采访内容和预案，一旦在现场发现值得挖掘的新闻点，或是偶然出现的采访机会，都需要第一时间去抓住。

有价值的新闻，还得走近一线、走到田间地头。从 2019 年的第二届进博会开始一直到今年，我连续 5 年奔赴国家会展中心，成为前方报道团队中的一员。从前期预热到现场采写，每次的报道周期里，前前后后总得在本台和国家会展中心往返奔波十余次，一天两万步并不是一个戏言，还得带上各种拍摄和传输器材。虽然很累，但也值得。因为刷步数的过程，很多时候就像是在积累找到新闻点的"进度条"。走得多了，进度也就快了。就和明星展品分散在不同展区一样，新闻亮点也潜藏于人潮之间，只有不断寻访，才能挖掘出来。

二、面对大事不缺位

在台里时间长了，总能听到一句"我们台面对大事不缺位"。这句话的分量，只有在经历之后才能真正理解。

2020年，新冠病毒疫情突如其来，我是部门里最先一批上岗者。记得那是大年初二的晚上，电话里，领导通知我，第二天上海将举行首场关于疫情防控的新闻发布会。那时，我还不知道，这个发布会将一直持续整整三年，而我也会成为那里的常客。大年初三的这场发布会上，公布了很多防控举措，其中就有各级各类学校延迟开学的通知。发布会结束已经将近下午4点，赶回台里，负责新闻制作各个环节的同事们已经在岗，等到忙完，已经是晚上7点多了。也就是从这一天开始，新闻中心的春节假期结束了。在这场没有硝烟的战争中，属于我们新闻人的战斗打响了。

疫情期间的新闻报道，突出一个"难"字。出于安全考虑，最具新闻价值的抗疫一线，往往难以到达。为此，我经常需要"迂回出击"。我记得那是春节后的返程高峰，我和摄像前往进入上海的南大门——位于金山区的一处高速收费站。在高速道口，采访车被要求停在指定的停车场，一排警察整齐站在检查站50米外，防止闲杂人等靠近。为了拍到测温登记的细节，我尝试

时光

性地问了一声，能否进到检查站里进行拍摄。没想到的是，临时之举得到了同意。当时，说不担心是假的，但都到了这里，有了这样的机会，怎么能退缩。摄像也二话没说，穿上了简易的防护服。就这样我们去到了道口，用话筒和镜头记录下防控最前线的实际面貌。虽然前行的距离不远，但勉强来说我们也算做了一回"逆行者"。

让我没有想到的是，更难的疫情采访还在后头。2022年4、5月的大上海保卫战，我可以说是先后经历了居家办公、正常上班、留守台里三种不同的工作状态。3月9日，因所住小区发现无症状感染者，我居家办公12天；3月27日的晚上，我得知28日凌晨5时浦东将严格封控管理4天。拿上记者证、找到居委会，我"成功闯关"，当晚10点多赶回台里。也就是从这天开始，我和同事们在台里坚守了整整两个月。其间，白天我们忙于日常的新闻报道，经常会穿着大白，奔波在疫情报道的最前线。晚上，大家苦中作乐，就在办公室上打地铺。坐起是工位、躺下是铺位的生活，确实不容易。但对于一名媒体工作者来说，能奔波在"空无一人"的城市街头，能经历这场以前从未发生过、未来可能也不会再出现的大事件，这是难能可贵的经验，也是值得铭记的经历。作为一名新闻人，我很幸运，因为面对这些挑战，我们的绿叶台没有却步，也从未缺席。

三、守正创新的担当

如今在台里,总能看到"守正创新"几个大字。其实,跳出"舒适圈"的尝试并不容易。

作为新闻中心的一名记者,我深深感受到在媒体融合环境下,记者不再是单一的专业型人才,而是要成为多元的复合型人才,简单来说现在除了会写会编,还得加上会拍会写。近年来的采访过程中,有一个直观的印象,比起拿着笔记本和录音笔,现在拿着手机或者相机的记者越来越多了。从纸媒到广播,来抢"视频新闻"这口饭的人也越来越多了。我们充分的视频采编经验,可以是专业上的优势,但也可能是思路上的劣势,因为新媒体端的拍摄手法和传播方式基本可以说是完全不同的。如果我们不能积极实现自我转型,尽快适应媒体新生态,就无法跟上时代发展的脚步。所幸的是,台里有敏锐的意识,同仁们也都敢于突破自我,这给了我更多的鼓励和勇气。在承担好日常的新闻采编之外,我拿起手机第一次去尝试拍摄制作短视频;在诸如"跟着校友记者云探校"之类的直播中,我也出镜当起"户外 UP 主",进行两个小时的不间断直播。面对媒体融合发展的时代课题,既是压力,也是机遇;既要守正,也要创新。

所以回首这十年,真的是感触颇深。十年间,媒介环境飞速变革。那曾经有着专业壁垒的采访现场,如今已是各种媒体

时光

遍地开花，甚至卷得飞起。而那曾经懵懂的新闻小白，如今也能在这里，去回首这一切了。这是绿叶台的三十而立，也是我的人生十年。

孙遥
上海教育电视台新闻中心

期待北京能给所有国家的人

共享奥运

2008 年，本台记者赴北京采访第 29 届夏季奥林匹克运动会。

时
光

绿叶三十载，我与时代共舞

一、初识绿叶，梦想起航

2020 年 7 月，带着一腔热血和对媒体行业的热爱，踏进了上海教育电视台的大门。"有作为，才有地位"这句在新员工入职培训时反复强调的话语，也成为了我正式工作以来不断践行的理念。初识这片绿叶时，我带着许多的稚嫩与青涩，从新人小白开始，跟着前辈老师学习如何采访、撰稿、剪辑，再到慢慢经过锻炼，可以自己独立完成报道任务，在这片绿叶的庇护下，我从最初的茫然到现在的坚定，收获了无数次的成长与蜕变。而能够成为新闻中心的一名记者和主持人，我也感到非常幸运和自豪，在这个大家庭中，我们互相合作、共同进步，写稿时敲击键盘的声音、到点时催稿审稿的声音、开会时选题讨论的声音，这些零散的工作碎片，拼凑起了无数个日日夜夜，也擦亮了这片绿叶的成长轨迹。

二、绿叶的魅力，成长的见证

成长的背后，源于平台给予的支持与信任。自进台以来，大大小小的新闻报道已经累计采编了上千条,这其中许多个"第一次"筑成了职业生涯中一个个难忘瞬间。

第一次在网络平台上做现场直播。2022年11月7日上海教育电视台第一次通过微信公众号和微博进行了网络直播,直播内容为"逐梦空天 e 起向未来——2022中国航展直播",我在现场担任了直播记者的任务,这场直播对于我,以及前后方的团队来说,都是一次前所未有的挑战。对于我来说,大量的航空航天知识学习,以及直播过程中随机应变的能力,是需要前期充足准备和现场灵活应对的。而对于整个团队来说,前后方的通力合作,技术上的有力保障,才保证了直播能够圆满顺利进行。

第一次与66位同事驻守在台内。2022年是不平凡的一年,3月底至6月初,由于受疫情影响,我与66位同事在台里"席地而睡"。驻守台里的两个月时间里,我们看到了彼此素面朝天的模样,同时也看见了我们所身处的这座城市"上海"的素颜模样。越是难得,越是值得记录。我和小伙伴们穿上防护服变身"大白",采制了一大批有深度、有温度的疫情防控新闻稿件。比如我采写的一条:为了"感恩"外卖小哥从武汉"逆行"援沪,记录了一位从武汉专门赶来援沪的外卖小哥的日常。还有校园里帮孩子照顾花朵的保安、跨江送孩子去就医的交警,以及嘉定南翔方舱医院、国家会展中心方舱医院、

核酸采样点、社区居委等。我们希望通过手中的话筒和镜头，记录报道一些正能量的故事，来凝聚特殊时期社会大众信心和共识。

第一次用手机拍摄短视频系列报道。2023 年 7 月 28 日第 31 届世界大学生夏季运动会在成都举办。作为一场国际性体坛盛会，成都大运会不仅是各国运动员们一争高下的赛场，也是媒体记者们大展身手的竞技场。如何在融媒体的大背景之下，"突出重围"推出一系列有看点、有创意、有内容的短视频报道，也是此次报道任务的重点所在。为此，我和摄像"轻装上阵"，全程用手机拍摄并用手机后期剪辑，大运会期间，通过前后方团队的紧密配合，我们共制作完成"蓉宝"出差记、"蓉宝"回家记、"蓉宝"学艺记、"蓉宝"打卡记、"蓉宝"回村记、"蓉宝"求学记等系列 vlog 短视频原创作品 11 条，单条最高播放量达到 2.2 万。此外，还进行了 4 场新媒体端的直播，通过这种每天一条短视频，常态化直播的形式，增加与受众互动的"黏性"。

三、与绿叶共舞，挥洒青春

从一岗到多岗，这是绿叶赋予的信任与机会。除了完成记者的日常工作之外，我还以主持人的身份参与到《公共安全教育开学第一课》《教视新闻》《高考咨询大直播》《2022 特级教师开课啦》等各类节目的录制中，作为一名教育类主持人，我不仅需要对教育领域有一定的了解和积累，还需要根据每一次主持任务进行针对性的准备，这里的准备分为有声语言和副语言的准备，有声语言的准备，包括主持词、临场应变的话术、流畅的表达、字音的规范等，副语言包括眼神、态度、仪容仪表、服装等，只有当有声语言、副语言两者相辅相成时，才能够在镜头前和舞台上展现出一名主持人良好的职业素养。

此外，我还有幸担任了上海教育电视台团总支书记一职。自从承担团总支工作以来，我不仅要组织开展团支部的日常工作、加强团员队伍建设、开展丰富多彩的团组织活动等，还要与团队成员保持良好的沟通和协作。在这个岗位上，我尝试学习发挥自己的组织能力和协调能力，不断地关注团队成员的需求和反馈，从而更好地促进整个团队的协作和发展。

从一岗到多岗的经历，让我更加深入地了解了各岗位的工作流程，也让我更好地锻炼了自己的能力和技能。在这个过程中，我学会了如何与他人合作、如何处理复杂的情况、如何应对各种挑战，还学会了如何不断地学习和进步。

四、绿叶的未来，共创辉煌

作为一名绿叶新人，我时常需要方向上的引领和细节上的把握。每当遇到困惑和挑战时，我会时不时先去请教金主任，

时光

而金主任也总会把自己的宝贵经验与我分享，并且以一种幽默轻松的方式来化解一位新人心中的胆怯和不自信。每当遇到难题时，姚台总会给予很多珍贵的建议和指导，并且给予我们试错的机会，让我们完成蜕变与成长。30 年只是一个开始，未来的路还很长。我将继续保持初心和热情，为上海教育电视台的未来贡献自己的力量。

王蓉蓉
上海教育电视台新闻中心

回忆

提起笔来，脑海里就会闪现 1997 年盛夏的一天，我走进阜新路上海电视大学的大门，穿过底楼的通道来到附楼的两层半，三间狭小简陋的房间，秦晋，唐洪平，朱伟雄，苏晓，杨臻，张贤峰，王东雷，许辞遽，叶韬，胡立红，张红……这些从前同事忙碌的身影和曾经熟悉的脸……曾经和他们共事的日日夜夜……浮现在眼前。

一晃间，上海教育电视台已经成立 30 周年了，而我也在电视台工作了整整 26 年。很巧的是，教育电视台的频道呼号也是 26，这就是缘分吧。在这 26 年间，我见证了教育电视台从简陋的办公环境到教视大厦拔地而起，见证了教育电视台从弱小到壮大的过程，在这过程中有心酸，有自豪，有挫折，更有收获。

就我个人而言，更多的应该是感慨和收获。岁月如歌，26 年的时间让我从一个新闻战线的新兵菜鸟成长为一个独当一面的资深新闻摄像，有我个人的努力和付出，更应该感谢教育电

时光

视台这个温暖的大家庭，没有教育电视台这个平台，就没有现在的我。26 年的新闻实践，既让我经历了无数次重大事件的发生，又让我从实践中领悟了新闻的真谛。

1997 年年末，我和苏晓、杨臻组成一个团队到北京拍摄北大百年校庆。这是教育电视台第一次组队赴外地拍摄新闻，并且要求当天传回上海播出。一个多星期的拍摄让我初次体会了做新闻的艰辛，也知道了新闻是要靠抢的，新闻是要靠走的。当时我们住在清华的招待所，每天一早要背着沉重的设备步行走到北大校门。百年的北大很大，真的很大，到现在我还记得在冬天的北京，背着设备的我满头大汗，恨不得把厚厚的羽绒服脱了。北大校庆期间每天都有很多活动，而且活动的地方有时又相距很远，没办法只能找学校租了三辆自行车，于是扛着摄影机，提着三脚架，手拿话筒，脚踩着自行车的我们成了北大校园里很特殊的团队，为了纪念这次特殊的采访经历，我们三个人留下了一张终身难忘的照片。在北大除了采访季羡林、陈佳洱等在各个领域的泰斗宗师，聆听他们的真知灼见和对北大发自内心的热爱外，还有一件事对我影响很大直至今天。北大为了让全国各地的校友都能回母校参加校庆，特意准备了一辆校友专列，从南方一路北上接校友回家。校友列车到北京那天是凌晨，我们三个人很早就赶到北京火车站。我们到的时候站台上人还不多，随着专列到达的时间越来越近，站台上等着采访校友专列的媒体越来越多。我为了抢拍到校友下车的激动、兴奋的表情，早早就候在专列车厢门口。等车门一开我马上占据最有利的位置，杨臻在后面顶着我，我们俩就这样互相配合非常顺利地完成了当天的采访任务。没想到，新闻刚传回上海就接到了单位同事叶韬的电话，他在电话中说，凤凰卫视的人投诉我了，说我在火车站把他们的摄像挡住了，所以他们没有拍到满意的画面。我一听有点懵，这是咋回事嘛……随后，他突然兴奋地说："你做得非常棒，做新闻就是要抢，你抢到了就是你的，他在你后面没有抢到有利位置，那就是他没有准确预判，是他自己的问题。"由此，我懂得了新闻不但要腿脚勤快，还要有准确的预判、扎实的基本功，更要在现场有舍我其谁的勇猛。

2008年5月12日是中国人无法忘却的"痛"，当天14时28分川北大山地动山摇宛如末日，四川发生了8级地震。身在上海的我在得知发生这么大的、灾难性的事件，新闻记者特有的敏感和冲动让我热血沸腾，我第一时间向台里申请去一线。很幸运，台里最终批准了。5月16日作为教育电视台第一批赴灾区采访报道的队伍中的一员，坐上飞机出发了。刚到灾区，地震带来的破坏让我震惊，人民子弟兵冒着生命危险在废墟中日以继夜地徒手挖刨寻找被困的同胞让我敬佩，灾民迷茫无助的眼神让我心疼。作为新闻记者的我来了，我到现场了，我要

时光

165

用我手中的摄像机去真实地记录我所见到的一切。这是我的职业操守，也是我的职责所在。现在想想只有到了灾区，到了现场你才会明白什么是生离死别，什么是天灾无情人有情，什么是守望相助……这不是影视剧所能编撰出来的，是活生生的真实。而我作为新闻记者有幸来到现场，就要把自己作为一个亲历者，把自己的所见所闻完整地记录下来，传递给更多的人。作为一名记录者，我要感谢那些不顾自身安危奋战在危房中搜寻幸存者的子弟兵、志愿者，感谢那些在灾难面前不屈的灾民……是你们让我懂得了付出，是你们让我懂得了珍惜，是你们让我懂得了怎样活着！现在想想，灾难给我的不仅仅是悲痛、震惊、眼泪，是真实，是活生生的真实。新闻记者所追求的不就是真实吗？而真实只能在现场才能找到。

作为新闻中心一名老同志，不但要在实际工作中发扬不怕苦、不怕累的精神，给年轻的同志做好榜样，还需要在新闻实践中把自己的经验和感悟传承给年轻的同志。

2023 年 4 月，当我得知 8 月有成都世界大学生运动会的新闻报道任务时，我第一时间报名参加。在炎热的 8 月，我克服脚伤带来的疼痛，以及高达 190/110 的血压，冒着酷暑，奔波于赛场之间。同行的高飞宇同志第一次参与这样大型的新闻报道，难免有些担心和焦虑，我作为一名老新闻工作者必须要给他鼓励和信心。我告诉他别紧张，我会用自己的经验帮他一起找寻新闻线索，我也会帮他把好关，相信我的专业经验。最终我们俩齐心协力发回一条条合格、质量上乘的赛场新闻，圆满完成报道任务。

这就是我在上海教育电视台 26 年中所经历过的三件比较重要的事件。上海教育电视台 30 周年了，我有幸陪伴了 26 年。感谢上海教育电视台这个平台给了我施展才能的机会，让我从一个新闻战线的菜鸟成长为一名资深的党员摄像。祝愿上海教育电视台未来蓬勃发展，蒸蒸日上，未来可期！

王尉东
上海教育电视台新闻中心

时光

三十再出发

回首站在改革开放 20 周年历史节点上的 1998 年，很多人评价这是机遇与挑战并存的一年。回首我自己的 1998 年，这一年我来到上海教育电视台，也面对着全新的机遇与挑战。

刚进台里的时候我负责新闻的采编，记得那时候还没有自己的大楼。迈入新世纪的 2000 年，位于大连路教视大楼正式启用。也是在这一年我开始负责《新书快递》栏目。彼时的互联网刚刚经历了 10 年繁荣后的泡沫破裂，对于当时大多数老百姓来说，电视仍是获取信息的主要渠道。电视机前读者需要获取新书信息的渠道，出版社也需要宣传最新出版物的平台。《新书快递》栏目的推出，在两者之间架起了一个桥梁，达成读者、出版社与教育电视台三赢。我负责《新书快递》节目的制作、经济创收的同时兼顾新闻条线的工作。

当时间来到 2010 年，"手机＋拇指"组合异军突起，网络媒体对于传统媒体的冲击，意味着深刻变革时代的来临。这一年我从新闻部来到节目部，如何在当时的大环境下求新、求变、求突破，是摆在我和所有电视媒体同行面前的一道考题。

教育电视台在此后的十多年时间里，专注于在教育、健康、公益三个方面进行节目创新，坚持"小成本，正能量，大情怀"的原则办节目，我所在的节目部在这样的原则下联合社会各方面的力量，打造出了《银龄宝典》《健康大不同》等品牌节目。

我记得《银龄宝典》创办的2015年，那一年上海60岁及以上人口已达435.95万，占上海户籍人口比例首次突破30%，当时上海全市养老机构共计699家，床位数共计12.6万张。也是在这一年，上海市民政局与上海市老龄工作委员会办公室在原上海市地方标准《社区居家养老服务规范》的基础上发布了《社区居家养老服务规范实施细则（试行）》，在实用性和可操作性上对本市社区居家养老服务的各项内容及要求作了进一步细化。《银龄宝典》就是在这样的背景下推出的一档栏目。栏目的定位就是面向全市老年人的一个居家养老的学习平台，在这个平台上老年人可以获得各类居家医学护理的知识，节目内容强调实用性和可操作性，就是要让老年人看得懂、学得会、用得上。

《银龄宝典》创办之初，我和时任节目部主任的恽友江一起明确栏目的定位与风格、择选合适的选题与嘉宾、确定节目的结构与风格。为了确保节目能让我们的目标受众"看得懂、学得会、用得上"，我们不断打磨栏目的细节，除了演播室内

时光

医学专家的讲解，还进入医院诊室实地拍摄操作指导视频，同时寻找医学资料制作家庭养护操作要点导图。那个时候节目没有配备制作人员，栏目的制作委托第三方制作公司制作，我和恽友江大部分的精力都在"审片—修改—再审片—再修改"的过程中，《银龄宝典》的节目常常是卡着每周五的下班前才能交到总编室。正是这样一遍遍细节的打磨，栏目获得了老年观众的认可，也得到了民政局领导的肯定。

为加深栏目与老年观众之间的密切联系，了解和掌握老年观众所关心的居家养护及健康问题，栏目每年坚持走进社区，与我们的观众面对面交流。每次活动需要联系社区给予场地和人员的支持，同时还要联系组织我们的观众来到现场参加活动。每次在现场看到老年观众专注地聆听专业的家庭医学养护指导，热烈地与医学专家面对面交流，我也同样收获了肯定与鼓励。

从 2016 年起，《银龄宝典》每年都走进由上海市民政局主办的上海国际养老、辅具及康复医疗博览会（简称 AID）。从报名参展到展位的设计布展，从设立展位宣传栏目到邀请老年观众走进展会现场录制特别节目，我和栏目组一起一点一点深入养老这个领域，去了解养老服务、康复医疗、辅助器具、生活护理、宜居建筑及健康管理等方面的最新资讯。在这个过程中，我也将我们栏目的观众带入展会现场，让他们直观体会最新的养老科技。

从 2018 年起，《银龄宝典》建立起自己的抖音账号，尝试着打通大屏小屏，打通在线在场在播，促进节目影响力进一步提升。

教育台建台 30 周年，而我也在这里工作了 26 年。每一次键盘的敲击，每一次策划中的神思流淌，每一次细节的打磨，每一次的喜悦与失落，演播室里面的分分秒秒，活动现场的日日夜夜，我和每个绿叶人的奋斗，都浸透我们对于绿叶台的责任与希冀，回望时代的滚滚前行，我愿化身一滴水，汇入时代的海河。

邢杰
上海教育电视台节目中心

时光

2015 年起，《帮女郎》推出《爱·上海的温度》年度特别节目。

2018 年起， 本台连续制作 12 季《公共安全教育开学第一课》，向全市中小学生普及公共安全知识。

2018 年起，本台记者持续采访报道中国国际进口博览会。

2018 年起，连续举办《少年欢乐颂——上海绿叶春晚》。

时光

绿叶为系 健康向未来

"大家好，欢迎收看上海教育电视台《健康热线》节目……"

1996 年，绿叶含春，带着青涩与稚嫩，不疾不徐地舒展枝芽。全国首档医学类直播节目《健康热线》，以权威、专业的视角服务民生，为数百位医界名流与广大观众之间架构起一座沟通的桥梁。

节目甫一开播便收获了高关注度与高收视率，从中央到省级十余家电视台专程前来取经，刚创立不久的上海教育电视台也迅速在业内打响了名气。著名医学科普专家杨秉辉曾公开赞扬："我觉得教育电视台的健康节目是我们上海媒体里面非常正宗的，他们的节目很讲科学，也非常实用。"

春去秋来，当年与节目主持人周荃共同搭档的、帅气儒雅的嘉宾主持崔松转型成为了沪上首屈一指的健康科普专家、首批国家中医药文化健康科普专家，而他的内驱动力即在绿叶台健康栏目直播中不断积累与提升的专业素养、知识储备与语言表达能力。曾在《健康热线》担当小小接线员的一位位主治医师、住院医师，如今也纷纷成为行业内的知名大牛，成长为各自领域的参天大树，而这段宝贵又难得的绿叶情缘，也在他们的心中生根、发芽。

"还记得小辰光看的《生命之源》伐？"

"我半夜里厢，等大人困觉了偷偷看的。"

"对对，我也是！这档节目是绿叶台的！"

多年前，在上海本土最具影响力的民生论坛之一的宽带山论坛上，有一则怀旧帖盖起了高楼。作为国内首档健康生殖专题的科普节目，《生命之源》的问世不仅大胆突破了健康科普的盲区，成为了沪上观众的共享"白月光"回忆，甚至名声远播海外，美国有线电视新闻网 CNN、日本放送协会 NHK 纷纷前来采访问询。

绿意盎然，在不知不觉间偷偷伸出了羞涩的枝芽，偕绿叶新风走出了国门。

"演绎医学人生情怀，追求医学人生梦想，展示医学人生风采，传递医学人生经验。"2015 年 5 月，在 TED 演讲风靡全球之时，全国首档医学科普电视演讲节目——《健康演说家》重磅推出。

没有传统访谈式的圆桌长台，没有一来一回冗长繁复的对话与艰深难懂的专业术语，只有衣着鲜亮、时尚清新的青年医师在舞台中央，以最新型的大屏呈现方式——Keynote 为主题

时光

背景，以简明有力、生动有趣的个人风格，以最原创、最权威、最实用的健康信息，粉碎一个个充斥于网络的健康谣言。

这群平均年龄仅 34.4 岁的 19 位青年医务工作者，一夜之间成为风靡沪上的"明星"演说家。现任崇明区第三人民医院院长、岳阳医院专家侯霄雷医生更是深情道出："没有教育电视台，就没有现在的我。"青枝蔓蔓，绿意滴翠，枝芽朵朵迎风向前。

国家新闻出版广电总局监管中心在 2015 年 6 月 26 日第 124 期的《监听监看日报》中对《健康演说家》节目给予表扬，称"上海教育电视台《健康演说家》用医学知识传播正能量"。时任国家卫生计生委宣传司司长毛群安、市卫生计生委主任邬惊雷等专家一致认为，《健康演说家》节目对全国健康传播具有创新性、引领性意义。

人民至上，生命至上。2022 年 5 月 24 日，在接到紧急制播 12 期"公共卫生大家谈"系列节目的任务后，上海开放大学党委副书记、副校长、上海教育电视台台长孙向彤连夜通过视频方式召开新节目立项会议，召集健康节目团队探讨节目筹划与前期准备。通过一次又一次与新闻办、卫健委、市疾控、市健康促进中心等领导、专家的云端连线，酝酿协商，确定了节目的基本框架、主题方向与专家名单。

5 月 28 日，栏目组三人入住台内，在简单的地铺帐篷中，与忙里偷闲的各位访谈专家挑灯"云"谈、字字研判。为保证节目质量，后期编导及技术保障人员争分夺秒、精益求精，每晚都要零点过后才能走出编辑机房，并继续准备第二天的录制内容。

在一个个紧张忙碌的日夜里，在一个个入则演播厅、出则编辑机房的无缝衔接中，通过比邻的和平公园的清晨鸟啼，感受着乍暖还寒间绿叶夏日的倏忽降临。

"公共卫生大家谈"节目播出前几期后，节目组就受到了市委主要领导的表扬、鼓励，对本节目给予了很高的评价；同时也得到了市委宣传部、市政府新闻办、市卫健委等多方领导的肯定与指导。

属于绿叶健康的夏日，正在蝉鸣。

"我主健康，笑出健康！"这是近年来风靡沪上、享誉长三角乃至全国的大型健康科普电视脱口秀节目，以其独树一帜的节目理念和新颖时尚的科普方式吸引了上亿观众的关注。无论是在二楼1号演播厅的星光舞台，抑或是在沪上文化新地标、"建在弹簧上的绝美音场"——上音歌剧院，爆棚的笑声、雷鸣般的掌声，掀起了健康科普的新热浪。在线下、在社区，更有无数活泼实用的健康科普展示雨后春笋般涌出，以更沉浸式"代入"百姓日常生活场景的视角，描摹健康百态，拓宽健康科普形式。

时光

《健康脱口秀》连爆三季，从中爆红的健康科普明星也已转型成健康科普专家，开始培育更多的医护工作者学做更有质感的科普。绿叶台的健康节目正有序地触达和影响越来越广泛的人群。不仅如此，绿叶台正积极尝试运营健康小程序，也将创建首个健康频道，全方位赋能健康科普与服务。

踔厉奋发三十载，今日之绿，已亭亭如盖。

袁媛
上海教育电视台节目中心

2019年起，本台制作播出4季系列融媒思政公开课《周末开大课》。

2019年，《谢谢侬——上海市家庭医生技能风采秀》为家庭医生点赞。

时光

三十而立 未来可期

回想起来，初次与绿叶结缘已是近 20 年前，彼时此地，一名懵懵懂懂的大学生跟着《学子》栏目组去贫困山区拍摄，怀揣着成为媒体人的梦，却第一次知道了他们的艰辛和不易，最终栏目为受助的留守儿童筹集到了多少善款，我虽不得而知，但在内心深处，"无冕之王"的光芒又增添了一分，吸引着我跟跄着、努力着朝着它的方向走去。当时的我或许怎么也不会想到，多年以后，此时此地，我与绿叶的缘分仍在继续，我和"学子"的故事也正续写着新的篇章——少年航天梦。

30 年来，绿叶深耕申城、开枝散叶，逐渐在教育、卫生、公益、科普领域挑起了大梁、发挥着举足轻重的作用，尤其是在面对加快建设教育强国、科技强国、人才强国的目标要求时，这片三十而立的绿叶开始越来越显示出自己的优势。习近平总书记对于"激发青少年好奇心、想象力、探求欲，培育具备科学家潜质、愿意献身科学研究事业的青少年群体"的要求给教育媒体指明了新的方向，我很庆幸，自己也能为绿叶增添更多的科普属性。《我想上太空》不仅仅是一档为孩子们创设的航天科普栏目，也绘制了我身为绿叶人迅速成长的坐标图。在从无到有的过程中，当年前辈们一步一个脚印的开拓精神时时鼓舞着我，并肩作战的伙伴们身上的团队协作精神推动着我，在不断探索和实践的过程中，在否定、推倒、重来的循环中，我越来越觉得将中小学生的科普教育打造得更为生动、出色，并非易事，我们一直以来引以为傲的电视媒体特有的画面表达在这个时代早已不是独一无二的优势，面对观众的流失、内容生产的压力、商业模式的壁垒，电视媒体人不得不思考如何破圈的问题。从明确目标受众、专业化制作的团队、深入浅出的科普内容、多样化的节目形式到资源整合、宣传推广等，只有不断提高节目的质量和效果，才能更好地满足观众的需求，达到预期的传播效果。而在这个过程当中，最难把握的便是推陈出新的内容、表达与严谨、精确的科学知识之间的平衡，创造性的思维需要不断在规定的框架当中去寻求突破，而同时复杂的媒体生存环境又要求我们走出舒适圈去面对市场的考验，这些都不再是我们仅仅在摄像机面前、机房里精益求精就能够做到的了，在种种的挑战面前，每一个绿叶人都不得不在成为全面的媒体人的跑道上奋起直追，虽然这条路我们走得并不轻松，也不顺利，但是在这背后收获的不仅仅是业务技能的提高，更多的是在与伙伴并肩前行的路上学会了积极拥抱新技术、新挑战。

时光

还记得刚进台的时候捧着一摞厚厚的台史学习资料，满怀好奇心翻开了台史的一页又一页，去感受绿叶成长的艰辛与不易，而如今，当我再次走进台史陈列室，感受老一辈绿叶人的精神时，却多了一份不一样的感悟。从一间小小的办公室到如今的一座教视大厦，在台里的十多年，我从绿叶人身上看到了最可贵的精神就是坚持和创新，从白手起家时争得荧屏上的一席之地，到如今面对媒体行业变革时的激流勇进，绿叶人在面临困难的时候不计较得失，不吝啬付出，我也十分庆幸自己没有辜负在绿叶的十年。无论是面临重大任务，还是面对艰巨挑战，老一辈的绿叶人都在身体力行地告诉我们身为媒体人的职责与担当，要不断学习和提升自己的技能，保持创新思维和敏锐的洞察力，注重团队合作和沟通，保持乐观心态和积极的工作态度，以应对时代的挑战并激流勇进。而如今，作为台里的中坚一代，我看到一批一批有朝气、有活力的年轻人加入了绿叶的大家庭，我也时刻谨记自己十多年来学习到的可贵的精神财富，希望能够用自己的实际行动去影响台里更年轻、更新鲜的血液，让青年一代在奋斗拼搏的同时也能感受到来自大家庭的温暖，收获更多的认同感和价值感。

回顾 30 年的历程，绿叶台在推动教育电视事业的发展中发挥了重要作用，绿叶人的奋斗留给我们的不仅是一个频道的媒体资源，更是一代人奋斗不息的精神力量和勇往直前的干劲，展望未来，我们将继续发挥在教育、医疗、公益等方面的优势和特色，不断创新和发展，不断探索新的发展路径和创新模式，以更好地服务于广大观众和社会的发展需求，开辟教育媒体新的蓝图。

绿叶因日出而灿烂，因阳光而生长，三十而立，绿叶正当年，它以其独特的魅力，召唤着我们去探索、去冒险、去实现梦想；它以坚韧不拔的精神，激励我们去战斗、去拼搏、去攀登高峰，它以过往的成就绘制成一幅未完成的画，激发我们去创造、去创新、去书写属于我们的故事，三十而立，未来可期。

范语融
上海教育电视台节目中心

时光

绿叶扶摇上 再创新辉煌

30 年，如白驹过隙，转瞬即逝。上海教育电视台，这颗深深扎根于上海教育土壤的电视明珠，经历了 30 年的辉煌历程。30 年里，上海教育电视台从小到大，从无到有，以其独特的视角和深入的解读，为推动教育事业的发展、提升全民教育素质，发挥了重要的作用。作为其中一员，我深感荣幸和自豪。

回望十年前，我还是个刚进入教育台的新人。那时，单位组织全体新员工到东方绿洲进行新员工培训。在培训的最后一天，我和其他几位新员工代表进行了交流发言。我发言的最后是这么说的："作为上海教育电视台的一名新进员工，我在自己喜欢的岗位上从事着自己热爱的工作，并因为工作而感到快乐和充实。这是多么难得的一件幸事。同时我也愿用手中的摄像机记录下每一个难忘的瞬间，为教育电视事业尽心尽力，做出自己微薄的贡献。"

如今，虽然谈不上有多老，但一晃也已经十年过去了。从当时跟着檀正勇老师熟悉教育台业务的那个小鬼头，到现在已经成为节目中心的一名编导，这十年间促使我成长的除了当初对电视的那份热爱，更多的是我对于绿叶台的责任与担当。当然在这十年里也有太多太多的故事值得回味与分享。

记得有一年冬天，当时我正在外拍，突然接到部门领导电话，临时接到拍摄任务须立即出发去北京采访郝克明先生，晚上 5 点多的火车，希望我尽快安排一下。接到这个任务时，我是犹豫的，毕竟家里还有两个小孩，如果这样说走就走，不知道家里会不会有问题，能不能应付得来。同时我也明白这次采访的重要性，郝克明先生不仅仅是中国教育发展战略学会会长，更是继续教育、终身教育的开拓者，开放大学的奠基者。加上当时还在外拍，也没来得及多想，当下就答应了。完成手上的工作，迅速回家收拾好行李和家人打个招呼立刻赶到虹桥火车站与早已在那里的同事们汇合，直奔北京。再看看身边的同事，王芹、朱晓峰，都是上有老下有小。还有当时年近六十的冯国雄老师，拖着两箱灯光设备，也是说走就走。由于事出突然，没来得及安排车辆，一帮人带着大大小小七包设备就这样从酒店走到了拍摄地点中国教育部。类似这样的情况我相信很多同事都遇到过。我想大家能这么拼命，大概也是因为对电视的这份责任与热爱吧。

长期以来，单位前期制作人员数量相对整个单位的节目制作需求来讲还是相对不足的。所以在做好本职工作的同时偶尔

时光

还需要身兼数职。一年夏天出差拍摄《跟着文物去旅行》。为了节省经费，颉宁老师对外是领导、是领队，对内是剧务、是场工，王芹白天是导演，晚上是编剧。周杰开机是主持人，关机就是我们的司机，我先做灯光后做摄像，不时还要给周杰弄弄发型。灯光箱子太大，后备箱放不下，我和颉老师就把它抱在身上，从成都市里开到广汉三星堆。一路没有怨言，没有牢骚。只有一个念头，那就是要把节目做好。

随着教育台这几年的转型发展，承接的项目也逐渐增多，我也从摄像转为了编导。这些年我参与过的节目也越来越多。从《健康大不同》《常青树》《银龄宝典》《博雅达观》到《安享心生活》。从《金牌体育课》到《周末开大课》再到《旗帜·中国青年说》。有时还要帮忙《一起来成长》《银龄课堂》等栏目的工作。随着这些项目的一个个落地，上海教育电视台的影响力也逐步从上海走向全国各地。拍摄《上海市民大学堂援疆培训片》让我亲眼见到了援疆干部们"白＋黑""5+2"的工作节奏，拍摄《周末开大课》第四季时，让我亲身体验了高原工作所要承受的身体负担。这一点，我们的摄像老师一定比我更深有体会。都说电视是遗憾的艺术，但我相信只要用心对待，在完成项目的过程中一定或多或少会有所收获、有所进步。所谓"不积跬步无以至千里，不积小流无以成江海"，应该就是这个意思吧。

在教育台的这些年，还有一些深深影响我的人，就是原节目部的那些老师傅们。从他们身上我能深深感受到老绿叶人的电视情怀。跟着檀正勇老师一起拍外景我体会到了什么是热情与职业；在冯国雄老师身上我看到了乐观与豁达；沈圣道老师教会了我钻研与忍耐。我还知道了：办法总比困难多，不要红包要点子，也记住了教育电视台应该姓"教"和"三超精神"。还有类似汪青老师经常加班到深夜，就睡单位沙发；外拍晚了，开电梯的师傅下班了，就自己把设备搬到8楼这样的故事。想必原节目部的同事们也一定都耳熟能详。这些事对他们而言如今已成了有趣的回忆，对我而言却是再好不过的"传统教育"。所谓精诚所至，金石为开，是他们的汗水才换来了如今的绿叶台。

一个人若是不热爱自己的工作，那么工作对他而言将仅仅是一种苦役，他只是生活的奴隶；而当工作成为一种追求、一种乐趣、一种责任时，再艰巨的任务也不会觉得艰难，再劳累的工作也不会觉得疲惫，才能真正地做好这份工作。对于我们这些投身电视事业的人来说，电视的最大魅力恐怕在于它每天都在创造新意。从思想到文字，从文字到剧本，从剧本到画面，这个过程无不让我们的内心体验到创作的冲动、探索的激情、实践的艰难与成功的喜悦。

回首过去的十年，我仍然深感能在自己喜欢的岗位上从事自己喜爱的工作是一件无比幸运的事情。我一直坚信：只有真

时光

187

正热爱自己的工作，才能把这个职业当作一份事业，并且时刻将责任感和担当牢记心中，爱一行并干好这一行。同时我始终认为电视工作从来不是一个人的事情。从制片到导演，从灯光到摄像，任何一个环节都直接决定了最后的效果。

展望未来，我期待与小伙伴们一起同舟共济，让我们每一个绿叶人都围绕教育台这棵大树团结协作。我相信，只要我们齐心协力，这棵大树一定能够继续扶摇直上，再创辉煌！

李晓峰
上海教育电视台节目中心

2021 年，本台与新华社、中国教育电视台合作制作庆祝建党百年系列直播节目《风华正青春》。

2021 年，上海校园绿叶运动大联盟正式成立。

时光

岁月不改绿叶的声音

　　有时候不得不说，时光是一种很玄的东西。有时候回忆往昔才发觉那些或美好或伤感或振奋的瞬间犹如细沙转瞬就已从指间溜走；但有时候细细品味，却又感觉到那些瞬间又在记忆里不断放大，将无言的时间沉淀出岁月的芬芳。而在这些散落在意念深处的时间碎片中，关于上海教育台的经历注定是熠熠生辉的存在。

　　对教育台的初始印象，始于高中时因为关注教育信息时候注意到的荧屏上那片独特的绿叶，而直到十六年后的重逢时，它才正式跳动在自己眼前。入职之初还有很多误解：一个只关注上海教育新闻的电视频道？一个只有高考时才有存在感的地方电视台？这些或许都对，上海教育电视台真的就像路边树上那片司空见惯的绿叶，很难让人去注意它的存在；但是当我真的融入这个集体时，却又发现身边一片片"绿叶"汇集的绿荫早已默默庇护上海人民一年又一年，护送着一批批少年步入五光十色的世界，也见证着自己的华丽蜕变。

最开始仔细了解上海教育台历史时，我如同看到一本励志小说的故事脉络：原本籍籍无名的开场，却愣是靠着那一批对教育事业有理想、有远见的前辈们，凭着一股百折不挠的劲头和对成功的希望力量，熬过在简陋摄影棚录制的阶段、扛过靠着"头孢"支撑的辛苦时刻、挺过日日夜夜在新闻片场和后期机房间穿梭的境况，最后一次次、一步步，从菁菁校园到万家灯火，从新闻报道到品牌活动；从诗书文化到科创之光，从天天健康到社会公益，让这片绿叶就此与上海这座城市枝脉相连，根系相通，成为一代代上海人民无法忘却的生活文化记忆，为更多的学生和家长排忧解难，让他们享受公平优质的教育，实践着教育电视人的初心。而当绿叶的光芒照耀到我们新一批"绿叶人"身上，如何接过前辈的初心使命，去创造更大的辉煌和成绩，却也成为我们必须思考的压力与砥砺前行的动力。

在这样的思考中我加入了上海教育台专题部的《帮女郎》栏目，成为一个民生专题新闻的记者。这个栏目于整个教育台节目是一个独特的存在，于我自己同样也是一次全新的工作体验。在最开始一段较长的时间里，我感觉自己始终无法胜任这个岗位，不仅仅是因为它需要占用我大量生活时间、需要我独自面对可能得剑拔弩张的调解现场、需要我去承受各种各样负面的、争议的情绪与压力，更重要是我必须要明白如何在面对民间纠纷、情感争议、维权诉求等鸡毛蒜皮的社会事件中去寻

时光

求一个践行教育的初心。因此在那段时间里，我感觉到极大的不适应，越是想要努力，却越是看不明白自己努力的意义，甚至会产生看不起这份工作的念头。如果按照这样的故事发展下去，最终我也只会很早就离开这片绿叶的世界。

然而幸运的是，我遇上了一个让我受益匪浅的集体。身边的同事们有很多都目睹过当初建台时老一辈人的辛苦与信念，他们也很好地继承了这份相传的薪火，这就让他们在面对不同的工作和艰巨的任务时，都能够用最坦然的心态去面对，而用最积极的行动去解决。"重要的是做了什么"，这是他们告诉我面对焦虑的办法，因为"一切的意义都在行动当中"。连续加班的辛苦，为的是能更好地采访一个事件的全貌；愈加深入的调查，为的是还原一个新闻事件的真相；孜孜不倦的努力，为的是对得起上海民众对我们节目的信任与托付。一切的一切是因为我们关注的是最普通生活中的"人"，看到的是最鲜活也最真实的愿景与细节，所以我们提供给民众发声的平台，让他们维护自身权利、争取幸福自由的模样能够有一个最真实、细致的展现。而采访报道这些民生问题，需要我们不断培养良好的人文关怀能力，关注人民生活中的点滴细节，体现人情味和温度；而且还能锻炼我们应对信息爆炸和新闻繁杂的挑战，准确、客观、及时地报道社会和民生问题。而这样做出的节目被我们的努力赋予"真善美"的特质，又何尝不是对民众另一种特殊的"教育"和影响？我感觉到自己在潜移默化中已经慢慢开始跟上领导和同事的脚步，去感受自己这份独一无二的工作的价值。

而更让我感动的，还是我看到身边的"绿叶人"在工作中不自觉散发的"绿叶精神"。无论是日常工作中的勤奋刻苦、细致入微，还是面对地震、疫情等社会大事件时的雷厉风行、义无反顾，他们的所有努力都渗透着对这座城市乃至对所有民众生活的热爱与关注，不在乎成本的"小"，却做足情怀的"大"。我们用自己的行动告诉民众：当你们遇到困难时，我们时刻会在你身边伸出援手；当你们想抒发心声时，我们随时会在你身边聆听一切；而当你能够更加积极乐观地生活时，我们同样会在你身后默默地守护你们前进的步伐。因为我们自己就是这样乐观地在岗位上一代代奉献着精力与汗水，我们知道自己的工作或许一辈子都无法做到惊天动地，但是却在舆论宣传、社会观察、排忧解难这些方面守好自己的阵地，尽心尽力地为民众服务，化解矛盾、解决困难，传播正能量，讲述"上海好故事"。我们早已成为上海教育台这首延绵不绝的歌曲中几个闪亮的音符，并且会用自己的跃动去为未来谱写出更新的曲调。

一代人有一代人的成长，一代人更有一代人的目标。我相信在更加年轻的血液进入这个集体以后，这个历经30年风雨的"大树"会用更加蓬勃的生机与活力，为这个城市播撒更多代表希望的绿荫。而我也知道无论岗位如何变化、工作内容如

时光

何创新，一代代绿叶人永远不变的是对自己精益求精的要求、对教育事业一如既往的热爱、对社会大众矢志不渝的责任，更是对岁月永远真诚、永远不变的一声真切的呼声。

罗晨旭
上海教育电视台专题部

三十分之二十的记忆

2003 年年尾，在虹口区大连路 1541 号的大会议室里，一场激烈的新节目策划宣讲会正在进行中。这一年，经历了上半年的非典，且不说央视的节目样态，单是上海这座城市里 SMG 的东方卫视的强力出击、本地频道诸多新节目扑面而来、《七分之一》《新闻追击》等社会民生类专题节目都无不挑战着且刺激着当时教育台一些正值创作力喷涌的中青年电视人。

当年，那个进台工作还不满一年且还算个"临时工"的我，让自己颇为清醒又略带不安地置身在旁观者位置，我知道，如果没有合适的节目愿意"认领"我这个徒有一腔热情的电视菜鸟，我或许就只能离开这个台了，可当年还在二字头的我心中依然有股不甘心的劲儿。

当一位我相对熟悉又颇有距离感的身影独步上台时，我心里有些小激动，这个有点酷怪且个性十足的前辈又会说些什么呢？果真，他以自己独到的见解直言不讳地抛出他要做一档

时光

属于教育台的民生类专题日播节目。如果我没记错的话，当时他要求台里给他想要开设的节目配备 20～30 名编导以及相应配比的摄像，台下顿时一片哗然，当时全台一共才多少名编导和摄像啊，难道全台记者都来这个栏目不成？！只记得这位平日喜欢带着墨镜、一脸杀气的制片人——李宗强老师撂下自己想法、创意以及对收视率的预期后便自顾自地踱步回到座位。而我则在盘算着，自己能否有机会加入这个节目，这样我可以跟着边学边做，除了可以在这个台继续工作之外，一定也会受益良多。

在当天那场会议上，还有一位老师的节目创意也很吸引我（虽然我知道当时自己也没有什么选择栏目的资本，但自己私下想想总还是可以的），那就是他想要做一档教育类专题与父母和孩子有关，与每一个家庭有关。这让曾经身为老师的我也心动不已，我自认为沟通是我的强项，带着自己以往经历和这个节目想走入每一个家庭和孩子的初衷，我认为自己具备这个采访能力和优势。而这位老师我并不熟悉，甚至我都没跟他说过话，但我记住了他的名字——余军。

那天，还有不少人在畅谈着自己对电视、对节目、对经营的想法，作为一名有幸在现场的听众，我看着、听着、思考着……是啊，这些创想如果都能落地究竟需要多少钱、多少人呢？我究竟能做些什么呢？

在我还在前途未卜、忐忑迷茫之时，台里竟然突然传来了批准了那个大胆要人要开辟黄金时段做日播专题节目的消息，且是两位老师的意见合体日播，民生、家庭教育类专题——《家长》，而该节目制片人是李宗强，总编余军。太好了！我竟然也不需要纠结了，去找当时的节目主要负责人李宗强老师表达自己想要加入的心声就可以啦，虽然此前半年多时间我是跟着他在节目部《消费视点》栏目做编导，但至于是否人家愿意要我这个新手，我除了忐忑之后发了一条短信给李老师，剩下只能祝自己好运了。

这或许就是教育台的魄力，当年身为一个电视小白，每每回忆起那段从初创到一点点落地拍摄、采访、后期、不断修改变为成片的日子，都会激动不已。李宗强和余军两位风格各异的电视前辈，给了我很多耐心且手把手的指导，虽然当时也一次次因为压力怀疑自己能否坚持做下去，但节目开播后我的节目被放到了首期播出时，那份欣喜和激动依然历历在目！而当时一人顶几个的同事们：周媛、李俊杰、李馨宇、杨金鑫、黄祎、吴月霞、曹麟、周军、夏洁鑫以及此后加入的余小卫、沈纯、毛蓓娜、郭枫、马莉、刘伊凝、徐晓瑾、顾颖杰、钱祖培、申宁等诸多同事们的全力以赴和相互支持也着实让这个看似不可能做下来的日播节目创造了很多收视奇迹。那些不分昼夜的奔波、采访和后期制作，让一批电视

时光

197

新手们也迅速地成长起来，日后甚至被邀约或跳槽去往了其他节目或媒体成为主力。

伴随着 2010 年世博会的到来，一个节目的生命周期也开始走向新的阶段，台里为了以更好的形态顺应当时的台情和发展，在原班人马的基础上将《家长》焕新为《帮女郎》，而这期间余军老师的当热节目《特别传真》和杨金鑫老师之后开设的《学子》栏目由于种种原因关闭，对应的栏目工作人员也基本都合并到了一起共同打造《帮女郎》。在大家的共同努力下，这档以解决老百姓"烦心事、着急事、为难事"的民生节目又一次被大家所接受，且十几年下来，应受众和市场需求又逐渐衍生出了《帮女郎之百姓调解员》《帮女郎之百姓鉴宝汇》《帮女郎之寻找》《帮女郎之帮你做监理》等，均得到了业内和老百姓们的好评。

2024 年，《帮女郎》即将进入它的第十五年，回望过往，我看到自己作为一名电视记者和电视导演，依然还在自己热爱的岗位上工作着、在采访一线忙碌着，很是满足和幸运。当然，在传统媒体被新媒体冲击、不被看好的今天，我们所面临的挑战和困难重重，但身为媒体人，尤其是在教育台这个一直被质疑其竞争力的媒体环境下，这 20 年来，我们何时不是在被边缘、被疏离的境遇下突破着，论韧性，论成果，论成长，这 20 多年我置身在教育台，获得的远不止这么多。

正值上海教育电视台 30 年台庆即将来临之际，作为一个 20 年节目的主创者，作为一名相对资深的绿叶人，唯祝我台绿叶长青、枝繁叶茂。

巴延迅

上海教育电视台专题部

时光

与时代同行 传承绿叶精神

　　明年就是教育台 30 岁生日了，就如同当年申城的那一片刚刚诞生的"绿叶"一样，放眼望去那个刚刚大学毕业、初入社会的精神小伙也仿佛就在眼前，我不禁感触良多，30 年，绿叶已经成长为参天大树，而我也早已褪去初入职场的青涩，成长为了一名能够独当一面，坚守在教育台安全播出第一线的技术骨干。

　　时光荏苒，明年也将是我在教育台工作的第十五个年头了，15 年，历史长河中的一瞬，但却是我青春的 15 年、奋发的 15 年、探索的 15 年，回想 15 年前，全球金融危机突然袭来，使得原本就竞争激烈的就业岗位变得更加供不应求，当时许多企业面临裁员、财政紧缩，这一切，都让还是一名应届毕业生的我感到了巨大压力，要想找到一份理想的工作更是难上加难，而我却又如此幸运，经学校导师的推荐获得了进入教育台技术中心播出部实习的机会，半年后又顺利地成为了一名新绿叶人。我确信，正是那一次美丽的邂逅，将我未来人生成长的甜酸苦辣牢牢地与教育台联系在了一起。

还记得第一天来教育台实习的情景，我对于周围的一切都是那么地好奇，从前只能在书本上看到的许多专业设备都实实在在地呈现在我眼前，想到能亲手去学习操作、研究调试这些设备，别提有多兴奋了。播出岗位有其工作的特殊性，由于是直接面向广大受众群体，任何一个小的差错都有可能造成无法挽回的巨大影响，容不得丝毫的马虎，只有对每一处细小环节都做到一丝不苟，才能换来安全稳定的播出效果，部门的每一位老师都是我学习的榜样，从他们每一个人兢兢业业的工作态度上让我体会到了播出团队的严谨作风，深深影响了我，促使我不断地对自己严格要求，提高工作能力，去向他们靠拢。由于要确保安全播出，部门平时的业务学习以及各种应急方案的模拟演练都只能安排在每天的播出结束之后，凌晨三、四点，经常可以看到播出控制室内灯火通明、部门员工干得热火朝天的景象，大家互相探讨可能出现的各种应急情况，想对策、练操作，细致到每一个按键、每一路信号，一遍遍练习，直到熟练掌握。从没有一个人叫苦喊累，因为大家深知，我们的工作代表着整个教育台的荧屏播出形象，能为这片绿叶奉献出自己的热情和青春我深感骄傲与自豪。

　　从模拟磁带播出到数字化硬盘播出，从标清播出到如今的高标清同播，教育台的播出方式发生了翻天覆地的变化，自己也从一名青葱大学生慢慢成长为播出主管。犹记得 2015 年教育台正式开始了高清播出系统的改造，自己有幸从头至尾参与

时光

其中，从最初系统改造方案的讨论设计再到实际施工，帮着施工人员一起铺线，一起安装设备，一起调试系统，由于像此类大的系统改造工程平时并不多见，对于我而言可谓是一个大好的学习机会，自己抱着一颗求知若渴的心，每天都能学到新的专业知识，这些对自己业务上的夯实与发展有着极大的促进，自己还有幸去北京，到中央电视台的播出总控进行观摩和学习。那一年正巧赶上自己的婚姻大事，当时也没顾太多，暂时搁置了蜜月婚假全身心投入系统的改造之中，虽然有些辛苦，但绝对可以说是一段终身难忘的回忆，累并快乐着。

15 年一路走来，教育台就像是一个温暖的大家庭，每当我遇到困难，无论是生活还是工作上的，都会得到部门老同志的指导和关怀，每个人都是这个温暖团队的一分子，都在为这个团队的成长贡献着一份力量，我也异常珍惜每一天在教育台工作和学习的机会。

2022 年由于新冠疫情肆虐，上海经历了前所未有的封城管理，犹记得浦东封城当晚，部门退休返聘的施利琴老师在接到电话后安顿好家中 90 岁老母亲，在当时公交车都停运的情况下最快速度飞奔去地铁站，毅然返回台里投入到播出值班的工作，作为部门年纪最大的一名党员，施老师舍小家为大家，坚持以大局为重，两个多月默默坚守在播出一线，充分体现了一名老绿叶人敬业爱岗的宝贵精神品质以及有困难党员先上的先锋模范作用，给年轻员工树立了榜样。不畏艰险、冲锋在前，发扬不怕苦、不怕牺牲的精神，第一时间选择坚守工作第一线，以党旗为指引，甘当"绿叶"守护者，为打赢这场防疫大战贡献出自己的力量。老一辈们的绿叶精神令我感动，我暗暗下定决心，一定不负所望，要将可贵的绿叶精神一直传承下去。

15年一晃而逝，30年重新出发，我已经从播出值班员成长为一名播出主管，毅然担负起了教育台安全播出的重任，我将不忘老一辈绿叶人的光荣伟大精神，尽我所能去继承和发扬这些优良传统，不怕苦不怕难，以身作则，勇挑重担带领部门每一位同志做好安全播出保障工作，我很庆幸能在自己热爱的岗位上发光发热。

习近平总书记经常提到对于青年人的殷切希望，青年要为世界进文明，为人类造幸福，以青春之我，创建青春之家庭，青春之国家，青春之民族。作为新时代的青年人，一名合格的电视工作者，教育台无疑见证了我的蜕变和成长，我不会放慢自己前进的脚步，风雨同舟是我们的约定、开拓创新是我们的宗旨，伴随着教育台这颗参天大树的根深叶茂，我也将尽我所能，为这片绿叶增光添彩。

时光

张晏栋
上海教育电视台技术中心

2021 年起，推出国内首档大型健康科普电视脱口秀节目《健康脱口秀》，连续两季累计网络曝光 22 亿。

2022 年，"上海市民终身学习人文行走"以"全民崇学 喜迎二十大 申城行走续写新辉煌"为主题推出各区人文修身活动。

时光

甘当绿叶，共同成长
——新时代绿叶人与三十岁的教育台

仍记得正式成为绿叶大家庭一分子的那天，我兴奋地与父母通话，骄傲地大声向他们宣告自己成为了一名电视人，那种自豪溢于胸间。现在回想起来，彼时自己还不太明白要成为一名真正的绿叶人到底意味着什么。时光荏苒，一晃七年多的时光过去，这段回忆历久弥新，在工作、学习、生活的历程冲刷下，越加显出明亮的光华：在这里，我明确了为上海教育宣传事业而服务的初心，找到了为台的融合转型发展而奋斗的使命。在这里，我从一个懵懂的青年成长为一名合格的幕后工作者，也见证了教育台自身的改变与进步。我相信，在下一个 30 年，我将与上海教育电视台继续共同成长，相互成就，做一片蓬勃生发大树上鲜明的绿叶！

刚入台时，我与岗位前辈王禄益老师一道巡查并熟悉演播室设施，聊起了安全问题，王老师说过了一段意味深长的话——我每天都如履薄冰，战战兢兢。对于一个"初生牛犊""天不怕地不怕"的小青年，我彼时尚未理解这句话的含义：演播室的工作、机房的工作，每天按时按点、按部就班来操作不就行了，搞技术的工作者跟机器打交道不是应该轻松加愉快么。很快我就被现实打了脸，演播室、机房的各项工作，容不得一点马虎，设备、系统的状态直接影响到台内录制、编辑、播出等各项工作，电视工程是一条流水线，当中任意一个环节卡壳都会对上下游工作带来不利影响。一台核心机房的空调设备出了问题，制冷量上不去，这种平时个人觉得不过是冷冷热热的"小问题"，甚至能导致整个机房服务器设备停摆。类似这些突发的状况，有时甚至能使人一身冷汗，这时我才切身领悟到老师之前的教诲：对待自己的工作，态度一定要认真，半点松懈不得。后来，我进一步深入各个演播室和配属导控机房、核心和播出机房及大楼强弱电及管线设施等保障工作中，成为了台安全工作的一分子，更进一步地体会到，我的工作，不单是保障台的业务正常进行，更要保障台的设施财产安全，保护台内同志和群众的生命健康安全：只有把每一路电路排清楚，方能保证不因私搭乱建而失火和触电，只有把每一个进场的人员管理好，方能保证台的人员安全和资产安全。一个毛头小子的敬畏心和责任心，就是在这样的经历中不断成长的。

教视大厦于 2000 年启用，在我进台时，已有十六载的时光。在这里，绿叶人见证了进入 20 世纪以来上海市发展为国际化大都市所历经的风风雨雨，参与了作为全国改革先锋的上海教育事业，历经了电视宣传体系的发展壮大和转型融合。在这里，教育台的各位同仁创造了《教视新闻》《帮女郎》《开学第一课》《健

时光

康大不同》等脍炙人口的精品栏目，深入报道了世界博览会、进口博览会等世界瞩目的大型活动。一代代绿叶人本着"守正创新、团结协作、甘于奉献、追求卓越"的绿叶精神，以不多的人数，干出了不小的功绩。党的十八大以来，为了满足新时代教育传媒发展的需要，台里对大厦内部软硬件设施进行了一系列改造：台非编系统及机房改造、台播出系统及机房高清化改造、二楼演播室及配套区域改造、新闻演播室系统及新闻办公区改造、5楼玻璃房改造等。参与到这么一系列之前想都没想过的重大项目，起初我是懵的，对于某些完全陌生的领域，简直可以说无从下手。万幸，我不是一个人在奋斗，而是在一个有担当、肯学习、能奋斗的团结的集体中。在这里，老同志对新人毫不吝惜，倾囊相授，同事之间沟通无间，集思广益，领导干部身肩重担，却绝不推诿他人，压力尽量自己扛。其中，王金海老师是集体中的杰出代表，也是我的榜样。他出身电视相关专业，在电视技术业务上的能力无可挑剔，其他方面业务接触较少，但在台里有需要时义无反顾、挺身而出，毅然决然地投入到这些本不擅长的工作中去。他自学土木和基建相关知识，一跃而成可以画设计图的"设计师"，大家纷纷调侃应该开一份设计工资；他苦心研究工程报建审批流程，在遵循法律法规上不出一点纰漏，连兄弟单位都来"取经"；他有担当，在工期压力极其巨大的情况下，仍旧合理安排相关同志的任务，怕影响到大家日常的工作和休息。他"锱铢必较"，专注细节，在这些花费巨大的项目中实质性地为台里省下大量费用。最终，上述项目均圆满完成，成为了承载台高清化采编播及融合业务的优良平台，也成了贵宾们参观教视大厦时交口称誉的"保留节目"。与杨炯老师、谢瑞锴老师、徐彬老师、陆红飚老师、杨扬老师还有许多来自不同部门的优秀同事们共事，他们的优异品质自然而然地影响着我、改造着我，使我不仅在业务能力上不断成长，更是在各方面都越来越自信。背靠这样的团队，自然有底气。

党的二十大胜利召开，给全体党员同志们提出新的要求。在这百年未有之大变局中，回望在绿叶台多年的工作与生活，如果说之前的经历是被前辈们带着、被动式地成长，现今，我选择主动地、以习近平新时代中国特色社会主义思想为指导，将自己的事业与中华民族伟大复兴事业、上海教育宣传事业、上海教育电视台融合转型发展事业结合起来，继续成长。我也相信，每片绿叶的成长，必能吸收阳光雨露，滋养着教育台这棵大树，共同生长。2024 年，是上海教育电视台开播 30 周年，年至而立志不移，这正是我辈勇立时代潮头、大干一番事业的最好时代！

贾智翔
上海教育电视台技术中心

时光

与绿叶台共成长

记得小时候最为中意的休闲模式就是看电视，最爱看的电视频道一定是我们的上海教育电视台，记得那时候每周都会有几天定时收看台里播放的动画片以及一些国外引进的科幻片，成了童年的很好的回忆并且带给了双职工家庭孩子一些慰藉，让孩子们不再孤单。作为90后的我，长大后能有幸在这个年轻、充满活力的电视台工作，感到十分幸运和幸福。马上上海教育电视台将迎来自己开播的30周年的生日，作为近些年刚入职的员工衷心地祝福我们的绿叶台，也浅谈一些关于她的一些想法吧。

回顾台史，1994年2月27日上海教育电视台开播，作为隶属于市教委的省级专业电视台，第一任台长张德明台长上任就给每一位员工提了个问题："你认为教育电视台应该姓什么？"教育台应该姓"教"，答案原本很简单。但是教育台敢不敢姓"教"，才是教视人给出答案时犹豫的地方。"东视，上视每个月都在翻新花样，我们经验不足，教育节目局限又大，要做出新意不容易啊。""教育节目出去拉广告不太容易的噢。"老百姓的话直来直去，不甘寂寞的教视人总想兜着圈子把"教"字说得宽泛一点，或者干脆不说。张德明台长当时回答记者问，他提出这个问题就是想让同仁们明白，成立教育电视台的初衷，大家有了共识，力往一处使，再大的困难都可迎刃而解。这段采访我认为是绿叶精神形成的一个重要标志。也就是张德明台长的这一问，让教视人开始寻找教育台新的生长点。让电视扎根于教育成为了台发展的根本策略。当时上海地区的家教热已经持续了好几年，很多家长苦于找不到适合自己孩子的家教而担心不已，台领导针对当时的这一社会现象，决心办一档"电视家庭教师"的栏目。想法一提出，台领导和编导们群策群力，仅仅用时一个月，"于漪""唐盛昌""方仁工""贾志敏"等沪上名牌教师被请上电视荧屏，来到了千家万户，不花一分钱就能得到名师点拨的消息一传十、十传百，引起了极好的社会反响，线下活动前来的观众也是络绎不绝，收视率更是节节攀升，广告商更是闻风而动。此后本台关于教育的栏目如雨后春笋般的不断生长。除了教育类的节目，绿叶台还致力于健康类节目的制播，充分体现了"立足教育，服务社会"这一办台理念。

　　时光荏苒，随着科技的持续发展，近些年移动通信技术的大幅提升以及互联网技术的发展，使得移动客户端、机顶盒等终端的发展呈现多元化的形态，对传统的广播电视业务形成了

时光

较大的冲击，大批量的受众群体涌向了新媒体端。在新一轮危机来临之际，台领导秉承着绿叶精神，自上而下，凝心聚力，积极改革，深入媒体融合，诞生了一系列拥有社会影响力的融媒体产品，如《周末开大课》《健康脱口秀》《明日主播》《言传申教》系列网络直播等。此外本台还积极拥抱市场，大力推动少儿艺术教育，开启了绿叶艺术团，每年有《少儿春晚》这样的少儿才艺展示节目。《银龄宝典》《健康大不同》《帮女郎》等民生服务类栏目近些年也一直如火如荼地面向社会播放。

作为一名新进教视技术人，近些年我有幸参与了第一演播室和新闻演播室的高清化改造，也积极配合台里进行融媒体技术的探索，我深感技术驱动节目内容发展，而节目形式的发展才能推动技术的创新和迭代。当下的绿叶台面临着融媒体转型的关口，技术力量的提升刻不容缓，作为电视产品以及融媒体产品的基座，这些年绿叶台在技术方面的更新与提高也是有目共睹，节目制作以及播出平台的高清化在视觉层面做出了极大的提升；网络直播、4G/5G 的背包连线、云导播技术的运用使得节目内容直播变得更加轻量化，灵活度更高；虚拟抠像、AR/XR 的技术运用使得节目内容更加生动和饱满，曾经的单一字幕条到现在的虚拟前景的数据呈现，现代的图文技术给节目增添了一抹靓色。微信、微博、抖音等社交新媒体也成为当下传统媒体信息传播的重要触角，绿叶台的青春力量借助这些新技术、新平台使得这片绿叶持续向阳，再获生机。

　　时代在变，节目内容和形式在变，节目制播人员在变，节目的技术支持也在变，我觉得不变的仍然是办台的那颗初心，致力于"教育""健康""公益"的决心，最终的目的依然是服务于广大的人民群众。在孙向彤台长的带领下，绿叶台秉承绿叶育人的精神，不忘初心，专心服务于学生与银发一族以及他们的家人们，打通大屏小屏，用更垂直的媒体定位、更精准的用户画像、更专业的视频生产、更务实的营销策略、更创新的活动策划、更多样的传播渠道、更优质的客户服务，不断突破自我、突破边界，努力在一个万物皆媒的时代化茧成蝶。希望在上海教育电视台开播 30 周年之际，作为技术人为教视做出更多的贡献，也祝愿绿叶台越办越出色。

徐彬
上海教育电视台技术中心

时光

立足网络信息技术服务
为教育台发展增光添彩

　　时光如梭，一晃眼，我已在上海教育电视台奋斗四载。回首过去的岁月，心中涌动着满满的感慨和感恩之情。回溯 5 年前，因妻子结束海外留学归国工作的缘故，我搬离了在厦门度过七年的家园，来到这个繁华的国际大都市——上海。初到陌生的城市，无论是生活还是工作，都意味着要从头开始，面对巨大的生活压力和无法实现个人价值的困扰，时常让我心生退却的念头。然而，命运的转折点出现在我生活中的一个偶然的瞬间。我有幸加入了上海教育电视台的团队，这成为我生活中的一段新篇章。在这里，我不仅找到了事业的舞台，也结识了一群志同道合的伙伴，而工作的磨练让我逐渐成长为一个经验丰富、技能娴熟的网络工程师。与同事们的合作互助，让我感受到了团队的力量，使我逐渐融入这个充满活力的社会大家庭。

　　在过去的四年里，我在上海教育电视台度过了一段充实而有意义的时光，见证并参与了这里的巨大发展和变革。这也让我深刻认识到，时光的推移不仅意味着个人成长，更承载着整个行业的蜕变。30年前，教育电视台如一片初生的绿叶，青涩而富有生机。那时，传统媒体是我们信息获取的主要途径，而教育电视台则如一把钥匙，打开了知识的大门。随着时代的变迁，互联网的崛起改变了我们获取信息的方式。然而，上海教育电视台并没有因此而停滞不前，而是顺应潮流，将"绿叶"在数字时代茁壮成长。从传统媒体到网络平台，教育电视台一直在不断拓展自己的领域。这个过程中，我深深感受到"绿叶"的茂盛和生机，为我们的生活注入了新的活力。

回首这些年，教育电视台在网络技术应用工作中收获颇丰。通过多媒体技术，传播内容更加生动形象，更加趣味横生。移动媒体平台、网络直播等形式的引入，使得知识不再受时间和空间的限制，真正做到了随时随地学习。这片"绿叶"给予了大家更多选择的自由，也让人们深刻体会到了技术在教育传媒中的多样化呈现。

传统媒体走向数字化的征程见证了上海教育电视台在网络方面应用工作的巨大转变。这段时光充满了探索、挑战和收获，也预示着未来的发展将更加辉煌。让我们一同回顾这段历程，并展望传统媒体在网络领域的未来。

在过去的几十年里，上海教育电视台在网络方面的应用工作取得了显著的成就。传统媒体的数字化转型不仅仅是技术的

时光

升级，更是对传媒理念的创新和传媒模式的重新塑造。首先，通过在线视频的引入，教育电视台成功地将传统的媒体资源延伸到了网络平台，使得人们可以在家中便捷地获取高质量的教学内容。这一步骤的推进，使得知识的传递不再受制于时间和地点，真正实现了教育的无界化。其次，互动性的增加为传统媒体注入了新的元素。通过网络平台的建设，人们不再只是被动地接收信息，而是可以参与到在线讨论、互动答题等环节中。这种互动性不仅提高了学习的趣味性，更促使了大家更深入地思考和交流。这为传统媒体在数字时代中找到了更为广阔的发展空间。

在迎来教育电视台 30 周年的同时，我们对未来的展望也是充满信心的。数字时代的发展给传统媒体在网络方面应用工作带来了更多机遇，同时也伴随着一系列挑战。首先，个性化定制将是未来的重要趋势。随着大数据和人工智能技术的发展，我们有望通过精准的数据分析，为每个人提供个性化的观看体验。这将使媒体资源更贴合各阶层的需求，提高传播效果。传统媒体需要进一步深化与技术的融合，积极探索个性化传媒的新模式。其次，跨平台整合将成为数字时代传播的趋势。不同终端的用户群体差异巨大，如何在不同平台保持一致的教育内容和形式，是未来亟须解决的问题。这要求传统媒体在内容制作和传播方面更具创新力，以适应多样化的用户需求。再者，保障网络安全是未来发展的重中之重。随着网络的普及，网络安全问题越发突出。传统媒体在数字时代应用中需要加强对用户隐私的保护，防范信息泄漏和网络攻击等问题，以确保网络安全、信息安全和数据安全。最后，终身学习理念的普及将推动传统媒体在网络方面应用工作的深入发展。数字时代注重知识更新和技能提升，传统媒体应积极响应社会需求，推动终身学习理念的深入人心。通过提供优质的在线媒体资源，传统媒体可以在宣传的垂直领域发挥更大的作用。

总体而言，传统媒体在网络方面的应用工作已经取得了显著的进展，但面临着更多的挑战和机遇。在未来的发展中，我们期待教育电视台能够继续保持创新的精神，不断拓展数字时代的边界，为学生们提供更丰富、更有深度的学习体验，以"绿叶三十年，与时代同行"为台庆口号，共同书写传统媒体在网络时代的崭新篇章。

未来，我相信上海教育电视台将在网络信息化工作中继续取得更大的突破。随着技术的不断发展，我们今后有望通过人工智能、大数据等前沿技术，更好地个性化定制媒体内容，满足各阶层多样化的观看需求。这将是"绿叶"更加丰满的一笔，为教育传媒事业注入新的活力。

而我们，将继续在这片"绿叶"上涂抹属于自己的色彩。或许是通过技术创新，或许是通过服务保障，我期待能够为教育

时光

电视台的发展贡献一份微薄的力量。因为在这片"绿叶"上，每一个人都是一抹亮丽的色彩，共同构成了一幅丰富多彩的画卷。

"绿叶三十年，与时代同行"，这不仅仅是上海教育电视台的台庆口号，更是每一位曾在这片"绿叶"下学习、工作的人心中的共鸣。愿教育电视台在未来的岁月中继续茁壮成长，为广大观众奉献更多的知识之美，为时代的发展注入更多的智慧和力量。愿我们每一个人都能在这片"绿叶"下，继续涂抹出更加丰富多彩的人生。

蒋龙
上海教育电视台技术中心

我的"绿叶"情缘

　　我与上海教育电视台的缘分,最早要追溯到自己的学生时代。

　　儿时的自己生活在江南的一座县城,距离上海不过百公里。在那个没有电脑、没有手机、没有网络的年代,放学回家很大的乐趣就是看电视,上海教育电视台正是那时能经常收到的5个地面频道之一。打开老式的黑白电视机,调到26频道,对着上海的方向转动两根直着的天线,模糊的雪花画面渐渐清晰,露出一个枫叶状的图案,后来有了彩色电视机才知道那是"绿叶",是教育台的标志,也是教育台的精神……

　　每年寒暑假的不少时光就是守着教育台度过的,里面除了定时放动画片,会有"贾老师教作文",还会播放《成长的烦恼》,很多都是学生喜欢的节目……因为喜欢看电视,家里还订了一份每周广播电视报,每次拿到报纸,我做的第一件事就是找到里面的排片表,看看上海教育电视台下周有什么好看的节目,然后用蓝色圆珠笔在下面一一划出来,深怕到时候错过。

　　读中学的时候,教育台除了放电视剧,每年暑假后半程,它还会滚动播放"光荣榜",上面是一所所上海高校录取的考生姓名，还会配上非常喜庆的音乐。在大学没有扩招、千军万马过独木桥的年代，那滚动的一个个名字就是"知识改变命运"的代言，每次看到都觉得很神圣，也希望自己的名字将来有一天能出现在上面。

或许，正是在教育台和那些节目潜移默化的影响下，我萌生了到上海读大学的念头。而国际大专辩论赛的流行，更是坚定了我的这种想法。那年，复旦大学辩论队代表中国大陆拿回冠军奖杯后，团队和个人陆续推出了《狮城舌战》《西部情缘》等一批书籍，聆听他们"舌战狮城"的故事，看着书籍里描绘的大学生活，我对上海的高校充满了向往，高考前夕我把一本、二本所有的志愿全部改为了上海高校。

而我和辩论赛及教育台的缘分不止于此。"舌战狮城"火爆后，上海教育电视台也在国内率先办起了大学生辩论赛。更没想到的是六年之后，我会以记者的身份走进教育台二楼的演播厅，现场感受辩论赛的气氛。会后，采访时任教育台副台长、后来的柠檬影业创始人苏晓老师，聆听一家教育传媒机构承办大学生辩论赛的初衷、责任与担当，也让我对行业媒体有了更深的期待。

回到高三那年，当我获知自己以比"一本"录取控分线高出40多分的成绩被上海的一所高校录取后，就特别开始留意上海教育电视台播放的"光荣榜"，不知道何时自己的名字会出现在上面，也对未来的上海之行和大学生活充满了期待。

在上海读大学的四年，有时候做家教会路过阜新路的门口，看着"上海教育电视台"几个大字和那个绿色的台标，感觉特别亲切，似乎又想起学生时代一路走过的历程。大学毕业后，我应聘到上海教育报刊总社做了一名记者，因为跑教育条线的关系，采访中经常会碰到教育台的同行，像现在的副台长姚赟勤老师、总编办主任王东雷老师、新闻中心主任金山老师等，都在当时教育媒体圈和教育界有一定的影响力，跟他们接触多了发现教育台做出来的新闻常常与众不同，既有传媒人的敏感和尖锐，也有教育人的理性和专业。

印象特别深的是，那时候我们两家单位都在和上海市教育考试院合作，分别推出了招考类的报纸专刊和电视节目，因为内容实用、资讯权威，在上海考生和家长中很有"口碑"，两家媒体也被考试院视作"自己人"，经常参与一些内部研讨。有一次，听说教育台准备推"高招大直播"，当时不少人担心，高考政策高度敏感，现场直播如果讲错了怎么办？这可没有 NG。没想到，不久后这台节目真的落地了，很佩服"绿叶人"的勇气和魄力。后来，我和报社编辑部几位同仁，还受时任上海教育电视台副台长兼上海教育报刊总社党委书记张伯安老师的信任和邀请，前往直播间客串了回"客服"，与招办主任一起回答听众、观众来电咨询。连续三天的大直播，常常是节目结束后半小时还有电话络绎不绝打进来。"高招大直播"也成为教育台

时光

每年填志愿前推出的广受用户喜欢的一档品牌栏目，陪伴了一届又一届的高三考生。节目的合作对象从最早的新浪微博，到后来东方网，再是上海人民广播台……参与的媒体越来越多，也为最早的跨媒合作和媒介融合提供了很好的探索。

期间，工作中还有不少机会与教育台有过接触。比如，有一年，我所在的报纸正在谋划新一轮发展，当时的副总编正是从教育台调过来的唐洪平老师，在唐老师牵线下，双方一度谋划想推出一份新的周刊；再比如那几年采写的老师、学生成为"上海教育年度人物"，前往教育台领奖；还有我们报社主办的活动，要借教育台的演播室进行节目录制……

2014年，上海教育新闻宣传中心成立了，设在上海教育报刊总社。我也从原报社调往新闻宣传中心工作，与教育台同行一起采访的机会渐渐变少，但一起策划宣传的合作越来越多，让我有机会更深层地了解了"教育台"和"绿叶人"。

记得2017年夏天，上海高考综合改革启动后的第一次高考在新年进行，各方高度关注。中国教育电视台联合上海教育电视台一起搞了场"大直播"，我作为新闻宣传中心的现场联络员，配合两家教育台，将当时的上海市教育考试院院长郑方贤老师、刚调任上海应用技术大学校长的陆靖老师、上海市教育科学研究院副院长陆璟老师，一起请进设于外滩的直播间。在六月的高温下，这几位"上海高考综合改革方案"的主要"操刀者"，在美丽的黄浦江畔侃侃而谈，回忆"新高考"方案的设计初衷及其正在释放的红利，也是意犹未尽。等节目直播结束，几位嘉宾早已是汗水湿了衬衫，而负责现场录像的教育台同行也是满头大汗，后方的技术支持人员更是高度紧张，好在节目效果不错。"绿叶人"的敬业精神，也在那一刻感动了我，类似的还有那次难忘的"援青采访行"。

2019 年暑假，新闻宣传中心邀请了沪上多家媒体的教育条线记者，前往上海对口支援的青海省果洛藏族自治州采访援建成果。这是近年来少有的一次大规模集中采访，当地干部群众高度重视，推荐了很多好的采访线索，为了节省时间，我们当天一抵达还没来得及适应高原环境，就投入到紧张的工作中。在平均海拔 4000 多米的高原上，教育台摄影师和负责采访的女记者，跟着我们一次次爬楼梯、访藏民，一个下午连续完成了三个点的奔波采访，两人非但没说一个累字，还对发现的"好新闻"充满了兴奋和激情。到达当天最后一战——民族高级中学时，大部分采访已经完成，我负责把各位媒体记者送去用餐，但教育台的女记者坚持要补学生打球的画面、完成一段他个人感受的采访。高原早晚温差大，在空旷的中学操场上，哪怕全身已经瑟瑟发抖，两位记者还是完成了"这个自选动作"，只为了让"教育的故事"更动人。回到餐厅，当我将她们的故事告诉同行的记者后，"绿叶人"对新闻的热爱和敬业深深地感动

并激励了在场的每一位记者。在此后的几天行程中，大家吸着氧气袋、吃着保心丸，在海拔 4000 多米的高原上，完成了一次次感动人的采访，推出了一批"沾泥土""带露珠""冒热气"的好作品。

没想到的是，这次采访回来不久，就和教育台有了更深的接触。2021 年 11 月，因为机构改革的原因，上海教育新闻宣传中心划转到上海教育电视台，而我也从教育台的观众、教育媒体同行，成为了"绿叶人"的一分子。在教育台的 15 楼会议室，聆听上海教育电视台台长孙向彤老师作"媒体融合"的报告，对"教育电视大有可为"充满了信心；教育台党总支书记顾大文老师在联系新闻宣传中心时，每次温文尔雅的总结，让我们对党性修养有了更深刻的认识；还有大家一起参与选题合作、工会团建、亲子活动……

回首这 30 年，没想到当初一直守着观看的那个电视台，有一天会成为自己的新单位，或许这就是冥冥中的缘分。相信，我与上海教育电视台的缘分不仅于此，未来与"绿叶人"和教育传媒还会有更多的故事在路上。

桑翔

上海教育新闻宣传中心

深化媒体融合，让正能量变成大流量

　　绿叶30年，而我成为绿叶人，才两年光景。机缘巧合，2021年末，上海教育新闻宣传中心与上海教育电视台合并，我和我的同事们，也因此成为"绿叶人"。我所负责运维的市教卫工作党委、市教委政务新媒体平台"上海教育"，业务上由市教卫工作党委宣传处深度指导，主要发布两委权威资讯和教育政策，也在重要时间节点、配合重要时事刊发高校、区教育局合集。加入绿叶大家庭后，我们和台里其他侧重新闻、民生类的新媒体产品一起，组成了体系更为完整的绿叶新媒体矩阵。

　　"上海教育"的优势，在于粉丝量大、公信力强，掌握一手政策发布信源，但限于人手有限，自采内容相对较少。在加入绿叶大家庭后，我们得到了台领导和其他部门同仁的大力支持，在一些我们想做但苦于没有足够力量独立去做的选题上，教育台给了我们许多优质资源。比如，2023年，我们照例要做上海大学生年度人物系列，10位当选的优秀学生一人做一期。以往，我们主要向各高校宣传部征稿，以传统图文的形式呈现。2023

时光

225

年，"上海教育"每期大学生年度人物都嵌入了教育台拍摄的人物视频，使这个系列增添了更多全媒体成色。能有这样密切的合作，也是这一年主题教育开展的成果。孙向彤台长和顾大文书记来调研教育新闻宣传中心时，中心负责人洪卫林提出：加强教育台和新闻宣传中心、教育新闻网的选题共商和资源共享，有助于提升媒体融合的深度和实效。随后，在台领导的支持下，洪老师带领我、策划部负责人严旦华和教育新闻网常务副总编李泽军、编辑部主任颜惠芳等合力构建选题共商机制，我们对于教育台的报道重点也有了比较深入的了解。大学生年度人物的全媒体联动就源自于此。10月起，台、网和中心的融合报道又有新成果。全国第二届职业技能大赛上，来自上海的职校选手斩获多枚金牌。乘着大赛东风，上海教育电视台和上海教育新闻网联合推出"金牌故事"融媒体报道，将夺金选手的奋斗故事和成长成才经历展现给社会大众，提高职业教育的社会认可度和美誉度。8篇图文视频报道不仅通过"上海教育"政务新媒体平台系列刊发，还被很多区、校和教育自媒体转载，使得这个系列的影响力和传播力实现了倍增效应。

此外，在学生草地音乐节、小学生课文朗读比赛、市民人文行走等活动的宣传上，"上海教育"也通过政务新媒体的强势推介，不断扩大活动的社会影响力，为绿叶品牌的打造积极贡献力量。

对我个人来说，加入教育台大家庭后，也感受到了家的温暖。2022 年疫情封控期间，每天早上 6 点就空空荡荡的抢菜界面令人绝望，这时，"绿叶台"不仅提供情绪价值，也提供了实打实的绿叶蔬菜，解了燃眉之急。

2022 年 8 月，我非常荣幸入选了教育台首期青年导航计划，能在加入教育台不满一年，在自己 35 岁的"青年时代"边缘，踩着"末班车"入围青年导航，我非常珍惜这样的学习机会。一年多的学习，我聆听了多位行业大咖的讲座，也把自己和团队同仁对于开拓新赛道的想法在"创想 E 策"舞台上展示，听取评委老师们中肯又专业的意见。

不断学习、跟上媒体变革大潮的好处就在于，当机会一闪而过时，我们可以捕捉并把握到。我和我们政务新媒体的小编经常讨论，如果这个选题要走流量路线应该怎么做。年轻的同事也经常贡献他们的"脑洞"，试着把中规中矩的标题适度地"标题党"化，也会想想，如果这个选题要拍成短视频，可以怎么操作。很多时候，在我们小小办公室里一句句半开玩笑的策划，有时候还真能在别人家的推文里看到影子。学习和实践后，对热点把握和判断能力的提升，也让我有信心抛出一个个新的选题，兼顾舆论引导功能和良好阅读效果，作品频频登上市委网信办正能量、政务服务、热门阅读等十佳作品榜单。2023 年 6～7月的毕业季、8月底开学季，"上海教育"政务新媒体都做了比以往更大规模的宣传。6～7月，我们推出了3期高校毕业季系列宣传，打破以往按高校排序做一条图文合集的惯例，尽可能挖掘各高校差异化的"毕业礼物"，分门别类，以提升阅读体验，也收到了很好的效果。8月底，我们针对各区中小幼新学期的新变化和学校的开学准备工作，策划了两期合集。虽然不少教育局都表示连续供稿压力很大，但是实际收稿中，谁也不肯被落下，嘴上说着"时间紧""学校还没开学""没啥内容"，实际上一个赛一个地"卷"。最终，在各区"卷王"的你争我夺下，2期推送阅读量都超过了10000，与其他开学季推送一起，以点带面，积极助力开学良好的舆论氛围营造。

通过青年导航计划一年多的学习，我也越来越清楚，"上海教育"政务新媒体的优势在哪里，努力方向又在哪里。

我们的优势，在于我们有市教卫工作党委、市教委的大力支持和资源支撑，权威信息发布是我们的金字招牌。不管在哪个平台，遵循什么发布逻辑，规则怎么变化，因为政务新媒体的权威性和首发权，权威发布的流量，我们始终是能牢牢把握的。我们的优势还在于一呼百应的上海教育新媒体联盟盟主的身份。向高校和教育局征集优质内容作整合发布，我们的沟通渠道始终是非常通畅的，学校、教育局也极为看重我们的平台，对我们提出的要求非常配合。因此，我们才能产出那么多高覆盖率、全方位的正能量爆款。

而我们也存在不足，从自身而言，主要还是优质内容的生产能力还有提升空间，同时，对教育一线新作为和新风貌的展现还不够及时和充分。我想，以后可以更多依靠绿叶大家庭的力量和资源，挖掘更多教育领域的典型人物和典型经验。今后如发现好的内容，我们可以与"上海教育"政务新媒体联盟成员单位、教育台各栏目新媒体账号更多协同联动，在各个平台上共同发力，让宣传效果数倍放大，让正能量真正变成大流量。

加入绿叶大家庭2年多了，得益于台里提供的各种学习机会，我一直在不断吸收知识的养分，不断成长。对于"上海教育"而言，深化媒体融合是一个永恒的主题，迈出的每一步，都需要平稳、扎实、经得起推敲和检验，我们编辑团队也需要"小步走不停步"，这样才能不辱使命，更好服务于党的宣传事业和教育改革发展事业。

董睿阳
上海教育新闻宣传中心

时光

印迹

YINJI

教育台姓"教"

1994年2月27日教育台开播了，启锚了。

但围绕着船往哪个方向开的问题，在开台初曾引起了一番不小的争论。

那一天，市委、市府领导来台里视察，台里职工看到有两位市委常委、两位副市长、两位秘书长在人代会期间抽空来关心教育台的工作，心里有说不出的高兴。领导走后，他们纷纷打听领导作了些什么指示。等知道领导着重强调的是坚持教育为主的办台宗旨时，有的同志泄气了，有的同志默默无言了。

虽然，大家报名的时候都知道去的是教育电视台，但教育台是干什么的，却来不及认真地想过：有的同志总喜欢拿教育台与上海台、东方台简单比较，认为教育台也应该像他们那样设置节目，组织活动，才带劲；有的同志认为办教育节目局限性大，没有干头，对文艺的偏爱与对教育的不熟悉，使一些同志存在思想误区。

台领导班子清醒地认识到，统一办台思想，已经刻不容缓，

印迹

需要摆到议事日程上，如果一支队伍的作战目标不明确，怎能打胜仗？办台宗旨问题就是台的定位问题，把这个台办成什么样的台，遵循怎样的指导思想，它的独特个性在哪里？在当今激烈的电视竞争之中，越是有个性，越是有特色，越能立于不败之地。相反，跟在别人后面亦步亦趋，必然没有生命力。众多电视台的竞争结果，一定是各自找准自己的位置，互相分工，互为补充。

正在这时，市委副书记陈至立同志转来了一份内参，上面有篇标题为《教育电视台应该姓什么》的文章，批评了外地一家教育电视台除了教育的内容不播，其他什么都播。至立同志批转给台领导阅，没留下更多的批语，但一切尽在不言中，市领导的用意十分清楚。

教育台姓什么？这个问题提得多好！它像一份考卷一样放在了上海教育电视台的领导面前。

教育台应该姓"教"！我们台领导班子旗帜鲜明地亮出了自己的观点！

教育台姓"教"，是由它肩负的历史使命决定的，也是由办台宗旨决定的，更是由其功能决定的！教育台只有姓"教"，才有特色，才有优势，才有出路，才有存在的必要；否则既不符合市领导对我们的要求，也失去了自己的特色和优势，失去了自身存在的价值！

教育台应该姓"教"！台领导深入到群众中去，先党内、后党外，先骨干、后群众，组织大家认真学习市委、市府领导的重要讲话，统一认识，逐渐引导大家对"传播科学知识，交流教育信息，弘扬优秀文化，提高市民素质"的办台宗旨形成认同、达成共识。

办台宗旨犹如一个总开关，解决了这个问题，栏目的设置、时段的安排、片源的引进等各方面工作都有了准则。

不久，南方有家音像传播公司想买断教育台一个半小时的时段，播放商业性娱乐节目，并答应支付给教育台一笔可观的播出费。这对一家新建台来说，相当具有诱惑力。但台领导还是断然谢绝了对方的要求，坚持教育台的频道必须为教育服务，否则，市政府投资几千万开这个台为了什么？

记得开台初，参与教育台筹建全过程的市教卫办副主任薛喜民同志，就办台宗旨，概括成"三贴"，即"贴近、贴紧、贴实教育"。这"三贴"后来成了上海教育电视台口口相传的至理名言，在全国教育电视界也广为流传。

在"三贴"思想的指导下，教育台积极办好每天一档的《教育新闻》栏目，探讨教育中的社会问题、社会中的教育问题，它成为了展示上海教育改革动态、经验、趋向、传递各地教育信息的窗口。"上海教育启示录""各区县教育局长话改革""高校综合改革巡礼""全国中小学爱国主义教育现场会系列报

印迹

道""全国教育工作会议特快专递""中小学课程改革巡礼"等
专题节目，都取得了较好的社会影响。22 个区县教育局每家出
一万集资为教育台买了第一辆采访车。

为培养上海 20 世纪 90 年代紧缺人才，教育台坚持在黄金
时间播出计算机、外语培训内容。"市民通用英语"以及"走遍
美国"等课程都受到观众青睐，除此之外，还开设了"科技与
文化""人人健康"等栏目，组织了家庭英语知识大赛、JVC 家
庭摄像大赛、集邮知识大赛、中小学生辩论赛，围绕世界"爱
眼日""电信日""无烟日""环保日"，组织了许多精彩的专题片。

教育台提倡尊师重教，推出《耕耘之歌》，专门介绍上海
教育战线的先进模范人物；与《新民晚报》一起，开展《我的
老师，我的母校》征文活动，设立"冯老师信箱"，树立上海
名牌教师的形象。除了学校教育之外，教育台还重视家庭教育，
开办了电视家长学校，开设了"家教面面观"的栏目，还进行
了今日儿童问题系列报道。

为了弘扬优秀文化，教育台开设了"文明史话""漫步地球"
等栏目，专门介绍人类文明与优秀文化，"七彩讲谭"专栏，播
放了大量爱国主义影片，引导大家学会欣赏京剧、歌剧、芭蕾舞、
交响乐、绘画等高雅艺术。

在开播晚会上，陈至立同志代表市委、市府提出，教育台
"应立足教育，服务群众，满足不同层次群众学习的需要，努

力发挥电视优势，改革教学方法，把教育节目办出特色，办出水平，使它真正成为广大市民欢迎的良师益友和孩子们的课外辅导员，让观众从中获得丰富的新知识，学习各种实用技术技能，促进精神文明的建设"，教育台正是朝着这样的方向在努力。

（本文初发表在《播撒希望——一个校长和台长的追求》上海交通大学出版社 2016 年版）

张德明

上海开放大学原党委书记、原校长

上海教育电视台原台长

印迹

绿叶大厦诞生记

引子

当伟大的中华人民共和国 50 周年的光辉节日来临之际，人们突然发现，在上海的东北地区，毗邻和平公园处，崛起了一幢具有特殊风格的高楼，这就是上海教育电视台的绿叶大厦。

绿叶大厦建筑面积近 2 万平方米，主楼 16 层，高 77 米，裙房四层，高 21 米。5 层和 20 层平台各建有一座全玻璃圆顶、钢结构的塔楼（顶高 98 米）。虽不能旋转，但登上 90.5 米高塔楼，仍不愧是观景胜处。大楼东南两面的和平公园，大片绿地、园林美景，尽收眼底，抬头望去，陆家嘴东方明珠塔、杨浦、南浦大桥雄姿犹如耸立在咫尺之间。整座大楼呈奶白色，浅银灰色玻璃幕墙，镶配在银白色的铝框上，和谐又协调，裙房底部 4 米，挂上了略显红藕色的花岗岩烧毛板，庄重又带几份暖意，使得主楼既挺拔又稳重。大楼北临大连路，北立面裙房拉出三条圆弧线，更使大楼富有现代感，普通的建材，简洁的风格，表现出大楼的独特定位，这是一幢多功能、高度智能化、高效节能的现代化电视大楼，鹤立于周边地区建筑群落，绿叶人为之振奋，为之骄傲，因为他们为此而奋斗了5年，他们最透彻的理解：大楼的诞生来之不易。

绿叶人的梦

1993年的夏天，在中共上海市委、市政府领导的关心下，在上海市教育委员会领导的直接指导下，上海教育电视台筹建组正式成立了。筹建小组成员走进了设在市府大楼内的一间40平方米的办公室，开始了紧张的建台筹备工作，目标是3个月内进人，6个月内开播。是年国庆节刚过，1000多名见报前来应聘的有志于绿叶事业的年轻人踏进了考场。经初试、复试、笔试和口试四轮筛选，40位幸运者于11月初被教育台录取，他们也走进了这间40平方米的办公室。领导和员工同在一室办公，人均0.9平方米，4个人合用一张办公桌，3个人才有一把椅子，但依然意气风发地投入到艰苦创业的劳动中。终于在1994年2月27日，迎来了教育电视台开播庆典。台址在上海电视大学的八九楼，800平方米内，其间包括了所有办公用房、设备用房及大、小两个演播室；员工们仍然以"螺丝壳里做道场"的精神创造一个又一个业绩，这也许是上海人的特色，他们特别善于利用住房的有效面积，善于三维思考，占据空间，"搭阁楼"也许是中国上海人的专利。谢家骝书记、张德明台长、

印迹

汪天云副台长挤在一间七八平方米的斗室内，包括办公及会客所有功能，坚持至今。使所有的来访者难以置信，也让从心里嘀咕办公用房太紧张的员工，把这个话题永远留在自己的心底，他们只是拼命地把自己的本职工作做好，扩大绿叶台的影响，壮大绿叶台的经济实力。他们企盼着有朝一日能筹建自己的绿叶大厦，让美好的梦幻，变为现实。国家教委有关部门领导来上海检查我台工作时也指出，上海教育电视台设备是先进的，员工是能干的，节目是一流的，惟工作设施条件太差，甚至还不如有的县级台，与上海教育台在全国的地位不相配，希望能改变硬件，为上海教育台的发展创造必要的条件。

教育台员工中流行着这么几句话："讲团结，比贡献，奔事业""有所作为，才有地位""用机制，抓管理，求效益""奋力工作，淡泊名利"。有了这种绿叶精神，希望可以兑现，梦想能够实现。不知疲劳的台领导永远对中层干部"抢、逼、围"，用了徐根宝战术还不够，还要加上"压"，"绿叶台"的广大员工是一群忠于事业，敢想、敢拼、敢创新的"绿叶人"。他们夜以继日，不辞辛劳地工作，描绘着绚丽的画册，沟通着上海市民的情感，增强了宣传上海教育改革的力度，树立起绿叶人的形象，5年过去了，我台事业得到了发展，同时也积累了近5000万元的资金，再次迸发绿叶人建设"绿叶大厦"的愿望。台长会议决定，立即向主管部门申请，建设"上海教育电视台大厦"。

1997 年 5 月，经上海市教委批准，上海市计划委员会正式批复同意上海教育电视台在大连路 1543 号基地上建造上海教育电视台大厦。项目的主要建设内容为电视制作中心、新闻中心、播控中心、传输中心、演播室及办公辅助用房。好消息传来，全台顿时沸腾了，自上而下、自下而上地多次讨论了大楼的建设方案，大家一致认为教育事业是阳光事业，传播科学知识、弘扬民族文化、提高国民素质，关系着国家的未来。教育电视事业在未来的几十年必将得到很大的发展，除了原有的电视教育，开设正规课程外，必将扩大社会需要的专业培训，开展远距离教学、充分利用广播电视、卫星传播的先进通讯手段，强化电视教育功能，为更多的受众服务。但更重要的是利用电视教育手段，推动两个文明建设、加强对市民素质教育，以适应下世纪中叶，把我国建成一个强大的社会主义现代化国家。面对国民的高标准要求，必须把"教育电视"事业的蛋糕做大，在下个世纪，很有可能一个 26 频道不够用，将会再开出一个专用教育频道。因此，绿叶大厦不仅应具备现代化的功能，更应留有充分发展的余地和空间。为此，经上海市建设委员会批准，把大楼的总建设面积调整到 19000 平方米，建设资金 9300 万元，其中国家投资 5000 万元，其余由我台自筹解决（到 1999 年底大楼竣工时，实际花掉 1 亿 6 千万，其中 4000 万

是电视专用设备，除去国家投资 5000 万外，教育台自筹资金 1
亿 1 千万）。

经台长会议决定，设立"上海教育电视台综合楼筹建处"，
由台总支书记、副台长谢家骝兼任总指挥，原技术中心主任梁
肇荣任筹建处主任，办公室副主任水宏佑兼任筹建处副主任，
并立即开展工作，具体负责大楼的建设工作。首先是对大楼的
设计进行招标，在上海市招投标管理办公室的直接指导下，对
由华东建筑设计研究院和上海市民用设计研究院各制作的两个
设计方案进行评审，经上海市一流的设计大师、建筑专家的评
审，评出两个优胜方案，接下来对方案进行优化设计并做出大
楼实体模型，送中共上海市委副书记龚学平同志（当时任副市
长）亲自审定。最后确定由华东院设计的方案中标。大楼总建
设面积 19111 平方米，总投资概算 9305 万元。施工中标单位
为上海市第四建筑工程有限公司，该公司曾建设了上海博物馆、
上海图书馆、上海大剧院等一大批闻名上海乃至全国的现代化
建筑，具备先进的施工机械及富有实力的施工队伍，善于打大
仗、打硬仗、高质量地建设现代化的高层建筑。监理中标单位
是上海东华工程咨询公司，该公司隶属于水利部上海勘测设计
研究院，具有甲级资质，担任过上海市委老干部局所辖"青松城"
工程及大批电站、路桥及高层建筑的监理工作，具有丰富的经
验、良好的声誉、优良的服务。

大楼于 1997 年 8 月 8 日正式开工。上海市委副书记陈至立、副市长龚学平、市委常委、宣传部长金炳华、市政协副主席刘恒椽、市府副秘书长殷一璀及市教委党委书记王荣华、教委副主任薛喜民等领导出席了开工仪式。陈至立副书记按下了打桩机的电钮。工地上彩旗飘扬，仪仗乐队奏起了欢庆的乐曲，几百羽和平鸽随彩色气球同时飞向蓝天，全台职工欣喜雀跃，一片欢腾情景，绿叶人的梦想即将成为现实。

百年不遇与百折不挠

大连路 1543 号原为上海教育学院东分部，经市教委批准搬迁，腾出这七亩一分土地给教育台造大楼。我台原址在大连路以北 100 米，这一跨越虽一路之隔，却使我台由杨浦区迁入了虹口区。打桩工程由建工集团机械施工公司承包，248 根钻孔灌注桩，桩深近 50 米，由于此地地质基础情况复杂，吴淞江古河道曾流过本地，流沙多、暗河多，给施工带来难度，必须增强桩基底板力度、瓷灌压密注浆，确保桩基质量。秋冬两季打桩施工，本是黄金季节，秋高气爽、冬季干燥少雨，工程定能顺利进行。可是 1997 年的冬天，雨水特别多，11 月份下了十几天的雨，而整个 12 月份，雨日竟超出了 20 天，气象部门说这是百年不遇的冬雨。打桩队果然遇到了流沙，灌下去的水泥一下子没有踪影，大雨使地下水位猛涨，钻孔成了无底洞。

印迹

243

桩基位置又正挨着居民区，时间又近新年，总包单位项目孙经理坐立不安、心急如焚，请来建工集团老总专家会诊、商讨对策。筹建处召开监理、施工队会议，明确指出要确保工程进展，确保附近居民楼安全，做到墙不倒、楼不裂，必须稳定居民情绪，压力只能由我们承担。必须增强围护桩力度，工程队在原设计3.9米宽、5米深的深层纵列搅拌桩的基础上，局部增加了斜梁钻孔灌注桩及钢撑，防止土基侧倒，对流沙肆虐之处，则将整包整包的水泥压进钻孔、成吨成吨的混凝土向暗河填，工人们奋战在冬雨中，衣服湿了又干、干了又湿，几十人感冒发烧，食堂里送来了滚烫的姜汤，领导们走进工棚慰问勇士，经过十几天的艰苦奋斗，终于战胜流沙暗河，打完了最后一根桩，保住了近在咫尺两幢居民楼。事后，筹建处请来上海市房屋检测中心的工程师对与我台大楼间隔仅9米的居民楼进行了损伤测量，结论是居民楼外墙没有开裂，无结构性损坏、距桩位仅5米的围墙，居然也被完整地保住了，堪称了不起。现经质监部门评定，我台大楼的地下工程结构为优良等级。绿叶大厦的建设者们用百折不挠的钢铁意志战胜了百年不遇冬雨。

1998年春节刚过，工人师傅们又回到日夜奋斗的我台工地。大楼地上结构工程，高高的塔吊竖起来了，随着混凝土搅拌车的轰鸣声，一车又一车的商品混凝土注入了预制模板槽，一根根的现浇房柱一天天往上升，全台职工兴奋了，忙了半年未见踪迹的庞然大物终于破土而出，犹如雨后春笋。

然而这一年春雨频频让人愁，春雷阵阵、春雨滂沱，春姑娘拉开羞涩、腼腆的脸庞，暴跳如雷，连连发难，终于引发了百年不遇的长江流域大水灾。工地成了泽国，几台抽水机不停地排水，施工进度受到严重威胁。然而我们绿叶大厦的建设者们勇敢地向又一个"百年不遇"挑战，他们顶天立地，坚守在自己的岗位上。你看，工地特有的彩条布围起来了，脚手架出现了，密密麻麻钢管一天一天往上升。半个月后，第一层裙房1800平方米已稳稳地坐落在地基上，以后每隔半个月时间，建成一层裙房。5月底四层裙房全部建成，大楼已升高到21米，已远远高于附近的6层楼居民楼，塔吊张开的巨臂不停地送着钢筋、模板，轻松地旋转着，不用再担心会碰擦居民楼了，工程进入主楼的施工，从5层到16层，每层860平方米，每个星期更上一层楼，日新月异。当开工一周年的日子来到时，我们迎来了大楼结构封顶的喜庆日子。筹建处为各路英雄庆功。总包方项目孙经理笑了，这360个日日夜夜，没让他少操心，特别是在压流沙、镇暗流、斗暴雨的决战时刻，真是吃不下饭、睡不好觉，至今想想仍有后怕；大楼总设计师杨锦也笑了，多少个白天、多少个不眠之夜伏案设计，把这项优良的设计、优美的造型实实在在地从图纸搬上教育台的基地。如今雏形已现，雄姿拔地而起，令人欣慰。我们的监理

印迹

工程师们同样是满怀喜悦之情。开工一年，他们没有拉下过一个班，只要有工人师傅在施工，现场就有监理工程师的身影，他们要负责验收每一车钢筋、每一车混凝土。不合格的建材，不准上新大楼，他们主持召开了108次监理例会，勤勤恳恳，兢兢业业为建设方把好质量关、进度关，得到业主的好评。这里还要提及的是筹建处其他几位同志，他们是由教育发展有限公司（代甲方）派来我台参加基建工作的，有的负责土建、有的负责设备、有的搞强、弱电配套工程，也有的搞预算和质监，人手不多、功能齐全，代表着甲方全方位介入工程建设与管理，与施工、监理、设计院相互配合，为把绿叶大厦建成优良工程而辛勤地工作。

工程部陆经理，年龄已有65岁，家里距工地20千米，两年多以来，每天起早摸黑，赶到工地上班，审价核价，一丝不苟。在打桩阶段年近七旬的陈工以他丰富的经验和高度责任心防止了钻孔灌注桩钢盘笼的漏水，蒋工几天几夜坚持在工地，监测工程质量，最后累倒在工地。

建筑是凝固的艺术，现代化大楼设备安装调试份额要占上半壁江山，其中的水、电、风及弱电系统则为之注入了生气和动力。在此过程又演绎着一幕又一幕动人的故事。为了确保10月8日通风的要求，一直在后台负责协调设备安装调试的杨工和小李放弃50周年大庆休假和家人团聚的良辰美景，走向前台，亲自动手，开启热泵、水泵，调节流量、风量、排除个人障碍，终于让大楼从闷热罐子变成了清凉世界。这何止是他们5个日日夜夜熬红双眼的劳动果实。其实将5台5吨多重长、宽、高为6.4米、2.3米、2.3米的庞然大物，从水平面吊装上77米平台时，将偌大的消声器进入各层面时，将海洛斯空调安装就位时，他们与设计、安装、吊装人员已付出过艰辛的劳动。曾记得百年未遇的冬雨一直下着，就连初四晚上也不肯停歇，但香港怡和洋行从香港送来的8.5吨，几十个品种的面酸只进口阀门偏偏在当晚10:00到达现场。他们冒着雨一遍又一遍清点数量验质量，直到晚上12时以后，须知这已是中国的迎接财神的年初五了。当大楼要局部投入使用，10月14日正式从新楼播出的消息传到筹建处时，弱电部蔡克尧顿时紧张了，虽然总机房光缆铜缆早已接通，但尚未向电话局申请移机。随即向办公室主任联系10月8日正式递上申请。一般移机手续需半月至一个月时间，但蔡克尧硬是在东区电话局坐了半天感动了办事人员，在上海邮电管理局、上海电话局及控江局的支持下在10月12日就正式开通，比播出中心正式开播的10月14日提早了两天。

艰难的历程

结构封顶后，工程进入外墙装饰阶段。市场经济竞争激烈，在上海国际招标公司的主持下，上海市高新铝质工程公司、沈阳飞机制造公司、西安飞机制造公司、广东、无锡等诸多工程单位前来投标。谢家骝总指挥亲自出马，带领由筹建处、总包、监理人员组成的小组，冒着酷暑考察有关单位，用"质量、价格、服务、贡献"的"八字方针"来全面衡量、评审，确定中标单位。通过看资料、考察、评标书、询标核价，可谓过三关斩五将，才能最后定夺。厂家的服务是到位的，那股竞争劲、认真劲，着实让人感动。为做好标书，往往投入大量的人力物力，厂长、老总亲临前沿甚至几次乘飞机赶来上海，标书做得工工整整，电脑排版，有文字，有插图，再附上彩色效果图。业主提意见，改到满意为止，招标，使业主得到了实惠，一流的质量，合理的价格，优质的服务是我们追求的目标。筹建处的领导深知基建资金的来之不易。我们的资金是从十分紧张的教育经费中切块而来，况且还有一半要我台自筹解决，再加上新大楼必须配备的广播电视专用设备，资金缺口达到一亿。"百年大计，质量第一"，理所当然应摆在首位，但现实又不得不使我们竭力节省每一分钱。我们的大楼，既不是宾馆酒楼，也不是政府机关，对大楼的内外装饰要有特色，高雅别致的风格，协调美观的色彩，更要成为突出跨世纪的标志性建筑、上海教育系统的标志性建筑、上海东北地区的让人看了耳目一新的建筑、又是全国教育电视系统的代表性建筑。我们不是一味追求高档建材、豪华装修，而要充分利用国产材料，中档材料去高质量地装修，要评出优秀方案，选出能工巧匠。材料、色彩、价格都要定位于"恰到好处"。讲通俗一点，花二星级的钱，要争得五星级的服务。筹建处的同志为此跑断腿、磨破嘴、保质量、降价格、争工期，来个"三得利"。他们撇开代理商，直接见厂方，杆子插到底，一会儿是和风细雨叹苦经求资助，可怜到位；一会儿是面红耳赤唱高调杀大价，皇帝架势。凭着百折不挠、兢兢业业的精神，软拉硬磨，感动了厂商，赢得了企业家对教育事业的支持拿到了质量好、价格优的产品，签下了一个个供销合同。我们大楼裙房外墙铝合金用的是国产板、精加工；裙房4米以下采用福建产花岗岩外贴，为此考察小组一头扎进了闽东的矿山，外墙的玻璃幕墙，花了国产玻璃的价格，用上了美国产道森玻璃，浅银灰色的玻璃配上乳白色的外墙，和谐美观一扫蓝色绿色等玻璃之俗气；主楼外墙曾设计用铝板（类似上海电视台大楼）。为节省投资，改用国产面砖。最后又定为用涂料，近十家国内外涂料商来投标，几轮考评，新近打入中国市场的美国伐尔斯帕涂料以优质低价而中标。当李经理派出的工程队开始为大楼喷涂外表时，已经是大楼开工后的第二个冬天了。低温和下雨对涂料上墙是极为不利的，工程队克服困难、抢晴天、避低温，由于近年上海冬季多雨，还是发生了质量问题，因墙面潮湿，涂料出现色差、花斑，时间一天天过去，工

印迹

程按进度进展，脚手架一层一层往下拆，李经理急似热锅上的蚂蚁。请专家会诊，往美国公司挂国际长途求教，筹建处召开专门会议，请来上海建科院涂料专家咨询，监理、总包方也提出各自的补救方案。1999年春光明媚之时，美国伐尔斯帕公司老总理查德·沃尔夫先生，从太平洋彼岸飞来上海，亲临我台基建工地视察工程质量问题。谢家骦总指挥在筹建处简陋的会议室接待了沃尔夫先生。美国朋友环视了一下会议室，面带着笑容坐下了。用两张学校留下的旧课桌架上一块从教育台开创时就看到的大木板（一直没舍得丢弃）就成了会议桌。十来把椅子也都是教育学院搬迁时留下的旧货，十有八九是"摇椅"，桌上已摆好清茶，美方公司老总、中方公司孙总、李经理及施工队长都把目光集中到总指挥身上，担心着今天会来个怎么样厉害的开场白。李经理更是双手紧握，目不转睛，此时此刻俨然是度日如年的表情。一个上了上海市人大报告的上海教育系统重点工程，大楼外墙部分墙面出现质量问题，位置偏偏又在大楼顶端，脚手架又被拆除……总指挥开始了不快不慢的讲话，他首先对沃尔夫先生，不远万里赶来上海表示欢迎，又说我们相信伐尔斯帕公司有能力解决大楼外墙的色差问题。短短两句话，娴熟英语的孙总一下子翻译好了，美国老总得意地笑了。接下来总指挥大大表扬了李经理一番，说她为美国涂料运用到中国的工程做了大量的宣传、服务工作，态度极其认真，尽心尽责，虽然出现了一点质量问题，但我们还是对她的工作表示赞赏，为她的全心全意为工程服务的精神所感动。一席话分几次被译成英语，沃尔夫先生脸上露出一丝惊奇而又严肃的表情，他摇转了头看了李经理一眼，又马上把目光转回到总指挥，接而又笑了，他高兴地说道：工程出现了质量问题没想到业主还这么信任代理公司，他非常感动。沃尔夫先生又说美国涂料质量没有问题，主要是墙面没有干透，公司免费为大楼再涂一次，绝对没问题。他又说他将把伐尔斯帕涂料在中国的代理权授予李经理所在的公司，有这样的中国朋友推销美国产品，他很欣慰，很放心。在一旁的李经理两眼充满了泪花。不到半个小时，就把涂料问题解决了。一年四季在于春，春天充满了活力，春光带来了勃勃生机。1999 年春天，工程进入了全面安装调试阶段。大楼内装饰工程全面开工。上海建工集团装饰总公司中标承建。签约那天，建工集团书记、老总、工会主席都赶来了。四五位老总一一关照项目顾经理，一定要把教育台的工程做好，这 800 万元的装修合同，对一个市级大公司来说真是小菜一碟，怎么要来这么多局级领导，连顾经理自己也弄不明白。但这四五次握手，四五个"一定"，加上教育台领导的拜托，使他确信这次"又要马儿跑得快，又要马儿不吃草"的工程的份量，联想到合同洽谈时，业主死死咬住 800 万元不放，一个子儿也不增加，嘴里说对工程业务不懂，实际上又多处甲方供料，把

印迹

块块肥肉挖走，看来只能取"微利保本、多作贡献"为上策了，否则里外不好做人。

与装饰工程同时开工的是大楼的强弱电工程。绿叶大厦是一幢跨世纪的大楼，智能化程度很高，否则难以适应 21 世纪广播电视事业的发展。大楼采用美国"约克"中央空调。5 台热泵机组可以视需要自动逐台启动；设计了烟雾报警系统消防泵、喷淋、预作用以开式雨淋四大灭火系统，可以模块式分区调节演播室温度，舞台温度与观众席温度可以分别设定，大楼安保系统对各个关键位置可以监控，与公安部门联手防止突发事件，消防可以全自动分区分级运行，一旦烟雾报警器确定火灾发出警报时，喷淋口会在失火区自动喷水灭火，同时打开相应的消防通道的大门以利人员疏散，通讯系统安装了人手一个的直线电话，光缆通讯，有线电视网格，集当代最先进的通讯手段与一体，综合布线系统垂直主干道采用光纤、水平分支采用五类线，确保信息宽带高速运转。为每位员工排好了工作必须的电脑、电视、电话所需的所有线路，员工进出大楼就凭"一卡通"，否则就将被拒之门外，从台长到每一位员工，对通行卡都进行了设定，因工作需要的地方都能畅通无阻，而与您无关的部位，却不能越过雷池半步。筹建处梁肇荣主任主管着这项技术含金量极高的系统工程，他虽已到了退休年龄，还是服从组织分配，挑起了我台基建工作的重担，与筹建处其他年轻同志一样戴上安全帽，下工地、对图纸、查质量、解决实际问题。梁老师来教育台前是上海大学通讯工程系的一位教授，上海几家电视台都有他的学生在工作，不少已是业务骨干，而今因工作需要老教授自己又亲自做起了很具体的技术工作，依然认认真真，一丝不苟，不减当年学者风度，每天从早到晚扎在工地，与设计人员、监理工程师、施工技术人员一起研究工程技术问题，狠抓工程质量，确保工程进度，十分辛苦。两年下来，人瘦了不少，还两次因病住院治疗边吊盐水边工作，为大楼的建设立下了汗马功劳。筹建处副主任水宏佑是新中国的同龄人，在台里主管财务、行政工作，现在又加上基建工作，两年多来台里工地两边跑，一天几个来回忙得不亦乐乎，大楼造起来，也给他添上了不少白头发。建造 2 万平方米大厦的筹建处台里只派出三个人，而且两位是兼职，实际只有两个人在干，更何况三个人都没搞过基建，其艰难是可想而知的。

1999 年新年钟声刚刚响过，我们就开始了为大楼配置进口设备的艰苦卓绝的长达几个月的商务谈判，几十个招标文件，几十家世界各国的大公司来投标，二十几个合同的一一签约，体现了绿叶人顽强拼搏，不达目的不罢休的精神，为了节约资金，争取外商对中国教育电视事业的理解和支持，全面地系统地宣传教育电视台性质、功能、特点，她与综合台不同，教育台姓"教"，直接为提高整个社会文明，国民素质服务，是典

印迹

型的公益台，教育专业台，参加谈判的同志发扬不怕疲劳、连续作战的精神，白天黑夜连轴转，1000美金1000美金往下压，有时为了节省几百美元，宁可再开一轮谈判，甚至到了两位数还在跟外商斤斤计较，两两不放，不顾吃饭，不顾休息，既和颜悦色又"寸土不让"。有的合同直谈到第二天的黎明，才得到了一个圆满结果。外商被震动了，被绿叶人的这种敬业精神深深地感动了，索尼公司、池上公司、菲利浦公司这些世界级大公司纷纷献上了爱心，开出优惠价，"刹根价"，开出了外销的最低价，有的外商还说我们在全世界各国的商务谈判中，从没开出过这么低的价，从没有遇到过你们这样"厉害"的客户。

合同是签好了，但是离设备到位还差距甚远。筹建处即刻派员去搞设备进口批文，从学习文件，了解政策，到填妥表格、备文报批，在上海市机电产品进口办公室前后忙了一个星期，又马不停蹄奋向北京。1999年的夏季，南北气温倒置传为奇闻。六七月的上海，梅雨不断，气温不到25度，人们天天打着雨伞，穿着长袖衣服上班，而向北几千里的首都却是骄阳似火，38度、39度，最后气象台竟报出41度的高温天气，再创一个"百年未遇"。我们办批文的同志两次进京、前后半个多月战高温，天天往部里"钻"，经信息产业部与外经贸部两家主管部门批准，终于拿到了批文。现在还差张进口许可证，当我们的同志从北京飞回上海拿着批文赶到外经贸部特派员驻沪办事处时，下班的班车正要启动。凭着绿叶人那股子磨劲，硬是把经办的郭老师请回了办公室，收下批文，规定 5 个工作日的流程，我们在 2 天后就取到了进口许可证。此时距台领导下达的必须在 7 月底前办完所有设备进口手续的时间还差 3 天，而载有第一批进口设备的飞机刚好降落在上海虹桥机场。我们赶上了。

大协作的产物

雄壮的绿叶大厦即将全面竣工，回顾两年多的艰难历程。我们深感大厦的建成，得到了各级领导的关心，它是一个系统工程，得到政府各有关部门、社会上方方面面的支持，也是全体绿叶人为之努力奋斗的结果。市委副书记龚学平亲自选定大楼的设计方案，确定大楼的风格与色彩，并多次到工地视察，提出很多建设性的意见，为大楼的建设提出了一个总的指导思想。市教委原主任郑令德、现任主任张伟江都对大楼作过明确的指示，并来工地视察，当我们资金发生困难时，教委薛沛建副主任、财务处陈处长为我们穿针引线，解决向银行申请贷款事项。薛喜民副主任也一直关心着教育台大楼的进展。基建处的领导更是自始至终参与大楼各套方案的审定，给予绿叶大厦建设以具体的指导。上海医科大学派出基建处林老师为支援我台基建前期工作，解决水电配套等许多具体问题。上海市计划委员会曾专门召开有关部门会议，要求供水、供电、排水等公

印迹

用事业部门减免教育台的相关费用。以支持教育事业的建设工程，为此，周慕尧副市长还专门作了批示。虹口区领导表示欢迎教育电视台在本区建设新大楼，要求区有关部门给予大力支持。新港街道、新港警署，和平居委会的同志也为教育台新大楼的建设做了大量的细致工作，使本地区居民对大楼的建设给予更多的理解和支持，这绝不是施工单位一条"现场施工，给您增添了麻烦，请多关照"的横幅所能解决问题的。我们从心里感谢从事基层工作的同志为绿叶大厦作出的默默奉献。还有我们的邻居和平公园，破例打通了围墙，让打桩机插足公园，圆满完成大厦的打桩工作。

入夏以来，为大楼供水、供电、排污、安装电话的施工队伍相继进入工地施工，仅仅一个多月时间，就全面完成了开挖，管道及电缆铺放及土方回填、垃圾清运工作，有条不紊的工作，克服了场地狭小、立体施工的困难，各施工队相互理解，相互支持，充分体现了各路人马大协作、攻难关、特事特办的团队精神，难能可贵。如今，绿叶大厦已经通电、通水、通风、5台空调热泵机组，已有4台开通，其余一台进入调试阶段。大堂、行政办公室、多功能厅的装饰工程亦已接近尾声，10月底将全面完成。为大楼配置的进口广播电视专用设备相继运抵上海，在上海市对外贸易有限公司、上海海关及商检部门的大力支持下，专用设备报关、进关、商检工作进展顺利，现在已由香港

BTL 公司进行安装调试，我台技术中心派出多名技术骨干协助现场安装调试。看着这一台台崭新的，用先进技术手段装备的数字化设备的到位，绿叶人感到无比兴奋与激动，这批新设备的启用，无疑将大大提高节目的制作质量，加快制作周期，使得我们的电视节目图像更清晰、音质更优美、特技更漂亮、更神奇。

仰望着崛起的大厦，注视着大厦顶部的台标，1999 年 10 月 14 日 17 时，张德明台长按下播出中心按钮的时刻，标志绿叶大厦已局部投入运行，绿叶人又迈出了新的步伐。那一片熟悉的绿叶，作为绿叶人，我们骄傲，我们自豪，我们心情激动，思绪万千。80 名绿叶人为之奋斗了整整 5 年。我们从零开始，如今投入了一个多亿的自筹资金建大厦，我们从借用 40 平方米办公室起家，如今将拥有一幢 2 万平方米的现代化绿叶大厦，了不起的绿叶人、了不起的绿叶敬业精神，如今又有了我们自己的绿叶大厦，我们的事业必将更加兴旺发达。绿叶人眺望着自己的大厦，有的说她像一匹跃跃欲奔的白色骏马，迎着新世纪的曙光迅跑；有的说大厦的几条大弧线画山了一条腾飞的巨龙的形象，满怀着豪情与理想；也有的说大厦像一艘驶离港湾的巨轮，主楼犹如高高的船台，带弧线的裙房好似离岸而去的船尾，那高高挂起的绿叶台标，也正是我们的航船的标志，这艘用高科技装备的现代化巨轮，将载上全体绿叶人驶向广袤的

印迹

257

海洋，去探索、去开拓、去研究新课题、拓展新事业，惊涛骇浪不能阻挡绿叶人对事业的追求，"绿叶号"航船必将抵达胜利的彼岸。

（本文初发表在《永远的绿叶情——上海教育电视台六周年回顾》复旦大学出版社 1999 年版）

谢家骝
上海教育电视台原党总支书记、原副台长
原综合大楼筹建总指挥

梁肇荣
上海教育电视台高级工程师
原综合大楼筹建处主任

水宏佑
上海教育电视台办公室原副主任
原综合大楼筹建处副主任

2022 年，连续 12 天打造《公共卫生大家谈》系列节目。

2022 年，聚焦伟大变革，《以中国式现代化全面推进中华民族伟大复兴》上线播出。

印迹

绿叶润心 葳蕤生香

　　绿叶，朴实无华，却生意盎然；绿叶，启智润心，在吐故纳新的过程中，不断抽芽破土，夯实大地；绿叶，万千情意，默默垂头，却成就浓荫成林。当年，我们以"绿叶"为教育台的标志形象，就是期望绿叶台能始终扎根时代，服务人民，与时代的洪流相向而行，成为历史的创造者、参与者和见证者。

　　与我们而言，"教育电视台"不是一个行业性概念，"教育电视台"是一个时代的产物。认识教育电视台就是认识我们那个年代，中国正进入经济现代化过程中非常关键的时期，社会风气躁动、迷茫，同时也充满着激情与朝气，100 多年前的陈独秀、李大钊也许不曾想到他们会开启一个觉醒年代，而教育电视台在建台之初，就清晰地发出自己的声音。立足上海、面向世界、面向未来，传递引领时代风气之先的思想启蒙和价值导向，用眼光和态度、理想和高度、赤诚和温度讲好中国故事、反映时代风貌。

　　回顾在教育台工作的十年，有两件事令我特别难忘。一件事是《院士礼赞》栏目的创办。年轻的绿叶台策划、拍摄、制作这个节目，在当时是很需要一番勇气和胆识的。我们采访的院士在今天听起来个个如雷贯耳，陈竺、陈赛娟、吴孟超……这些大知识分子大多清贫而淡泊，把所有的精力和心血都用在学术研究上，对我们的来访甚至不太热情；但是走进他们的生活，了解他们的事迹，却让我们深深感佩，这是一群将所有光阴和生命奉献给科研事业的至真之人，虽清贫度日、平易待人，却留下满室芬芳，值得我们深深礼赞。

记得栏目即将开播之时，我们在上海教育会堂筹备了隆重的首映仪式，吴孟超、王振义、顾玉东、谢希德等院士应邀出席活动，仪式开始之前，时任上海市委副书记的陈至立同志和时任上海市委宣传部部长的金炳华同志前来会场视察，当陈至立同志看到我们把领导的席卡放在第一排、把院士专家的席卡放在第二排时，陈至立同志一言不发，亲自把第一排领导和第二排院士们的席卡互换了位置。大音希声，尊重院士给了我们极其深刻的教益，领导这是用实际行动表达了对知识、对知识分子最深切的礼赞和敬意。节目播出后，受到了中央领导的关注和表扬，在社会各界也引起强烈反响，院士们的满腔赤子情和拳拳报国心让观者动容，也在观众的心底激起深深的思索，谁是这个时代最可爱的人？人的一生应该成为怎样的人？可以说尊重知识、尊重人才的民心所向擦亮了《院士礼赞》这块金

印迹

字牌匾，"绿叶台"的影响力一时间响彻申城。

第二件事是我们创建了《生命起源》栏目，在全国首开先河，对人类起源和嬗变的坦然陈述，也算是思想解放的标志性体现。从纺织时代、钢铁时代、轻化时代、汽车时代，到今天的通讯年代、智能时代，人类即将进入生命工程年代。SARS之后，人类更加关注对自身奥秘和价值的探究，生命时代到来的日子被大大缩短。而在20年前，教育电视台就独具前瞻意识和超前思维，创办了《生命之源》栏目，节目立意大胆、话题新颖，探究人从何处而来，又将去向哪里，成为同类栏目的翘楚，在今天看来尤其耐人寻味。现在我们讲要千方百计提高人民的生命质量，实际上也体现了文明的发展和社会的进步，追溯20年前《生命之源》的渊源，教育台更应该放眼大教育的范畴，将生命教育提升到一个全新的高度加以思考和探究，更应该以构建人类生命共同体的包容姿态，将人类历史的经验、人类个体的经验，通过电视和教育相融合的手段传承下去。

2023年12月初，中共中央总书记、国家主席、中央军委主席习近平在上海考察时强调，要贯彻新时代中国特色社会主义文化思想，深化文化体制改革，激发文化创新创造活力，大力提升文化软实力。日新月异的信息时代，科技革命加速知识的迭代，如何跳出信息的茧房，拓宽知识的视野；如何运用电视的手段展现知识的雄浑力量，面对全新的时代使命，教育电视，大有可为！

教育台的这片绿叶，是时代大树上的一片叶子，生机盎然、葳蕤生香，三十而立，依然少年。我能够在自己最好的年华，参与教育台的创建和发展，也是我职业生涯中最最珍惜和难忘的经历。十年光阴荏苒，不思忆，自难忘，感恩教育台，感恩时代，我的一生也以自己是一位"绿叶人"而由衷自豪。

人的一生会经历各种各样社会科学和自然科学的捶打与磨练，但是生命却会变得越来越蓬勃、越来越高尚，我想这也是人之为人的伟大和珍贵。在一个大教育、大学习的年代，如何用电视样态丰富教育内涵、如何用教育话题拓展电视边界，作为第一代绿叶人，我衷心祝福今天的绿叶人能够遵循历史规律、把握时代机遇，坚定道路自信，在新的发展征程中，再创辉煌！

汪天云

上海教育电视台原副台长

印迹

星空作证

——在举办"伸出我们的双手"主题晚会的日子里

上海广电大厦演播大厅。

掌声响起处，上海烟草集团代表将500万元的爱心赈灾款投入赈灾款募集箱，白血病患者托人送来了本用作治病的医药费，台湾龙凤集团董事长专程从台湾赶到上海，个人出资50万元资助在上海就读的5000名来自灾区的大学生……

电话铃声响起处，来自全国各地的企业和个人通过爱心赈灾热线将一颗颗滚烫的心传输到现场。儿童的压岁钱，企业的庆典费，老红军的生活补助……"灾区的学生比我们更需要钱"，千嘱万托，总少不了一句话："再穷不能穷教育，再苦不能苦孩子！"

100万，500万，2000万……3500万！当不到两小时的上海教育界"伸出我们的双手"赈灾献爱心主题晚会落下帷幕时，每一位绿叶人的脸上终于漾出了会心的微笑。

这是一个繁星皓月的秋夜。

这一天——1998年9月8日，离教师节还有两天。

一

水漫江河，人为鱼鳖。

当百年未遇的洪水肆虐中华大地的时候，天南地北的华夏儿女奋起抗洪，谱写了一曲曲可歌可泣的抗洪之歌。洪水泛滥的季节，日历被撕下的每一页都布满了令人心揪的故事，感人肺腑的故事……

9 月即将来临。

9 月 1 日是学校开学日。9 月 10 日是第 14 届教师节。然而，今年的 9 月该怎么过？

照例，教师节该是学子们向老师献一束鲜花、道一声问候的时候。但今年，学子心忧远方，老师难展愁眉。开学了，从四面八方汇集到校园的师生们谈论最多的莫过于抗洪救灾了。在祥和、安静的校园环境里传道、授业的园丁们一刻也没有忘记灾区的学童。让灾区的孩子有书读，让祖国的明天更灿烂，这是师者义不容辞的职责。可以说，1998 年的教师节一开始奠定了不可动摇的主题：赈灾！献爱心！

面对这一声势浩大的"群情"，上海教育电视台该做些什么？又能做些什么？能否在上海范围内——必要时，通过中国教育电视台卫星频道在全国范围内——举办一场以广大师生为主的，有社会各界参加的大型赈灾献爱心活动？

要不要举办？能不能举办？这在当时来说确实较难决策。

印迹

从当时的局势来看，东视刚刚成功地承办了一次赈灾晚会，一旦开展类似的赈灾活动，很难避免雷同或重复；更何况教视也不具备像东视那样的外部条件和内部条件；当时上海的大中小学的师生还处于暑期阶段，要组织类似活动，似乎缺乏必要的群众层面和组织基础。

这时，我台群情激奋，全台上下斗志高昂。如何向灾区人民奉献教视的爱心，如何在这一全国上下抗洪救灾的大合唱中体现绿叶一贯的品格，这成为我台员工共同思考的问题。正是在教视广泛的群众参与性的基础上，一个逐渐明朗并日益强化的计划在台领导层中产生了。其后，台领导多次赶赴上海市教育党委、教委请缨，并提出了目标明确、措施详尽、切实可行的活动方案。这一方案马上得到了市教育党委、市教委及有关市领导的肯定和支持。

这一方案的指导思想是：

1. 随着 9 月 1 日的逼近，灾区学童的就学问题将会受到社会的广泛关注。再穷不能穷教育，再苦不能苦孩子，这将会成为灾区人民乃至全国人民的共识。因此，灾区重建校园问题将可能成为抗洪的新视角。

2. 开学后，长江抗洪将成为从四面八方回到校园的师生们的热门话题，新一轮的赈灾浪潮将会在校园中掀起。

3. 在教师节即将来临之际，还没有任何其他主题能够与抗洪问题相抗衡。为了灾区的孩子，为了教育的明天，伸出我们的双手，这将是第14届教师节的必然逻辑。向灾后的学童送上上海园丁和上海人民的祝福，绝不让一个在上海就读的灾区学生因家乡遭灾而辍学，这将是上海园丁和上海人民爱心的集中体现。

于是，在市教育党委和市教委的直接领导和支持下，一场以"伸出我们的双手"为主题的赈灾献爱心活动在浦江两岸迅速铺开。

二

上海教育界教师节赈灾献爱心主题晚会的消息一传开，申江立即汇成一股赈灾助学的热流。

当育婴堂路小学的退休女教师钱竹君怀揣着自己的500元生活费，冒着高温横穿整个市区来到募捐点的时候，5张100元面值的纸币全都被汗水浸透了。在场的工作人员含着泪收下了这笔不同寻常的赈灾款。钱老师也方松了一口气，她说，这些天总睡不着，眼前常常浮现洪水中的小女孩手抱大树的情景。想到这些捐款能对灾区的孩子有所帮助，心里踏实了许多。

在上海市甘肃路一小，学校负责人与一位老人激烈地争执着。原来，91岁的退休老师王永昌看到教师节献爱心主题晚会的倡议后，挂着拐杖，换了好几部车来到学校，要求将积攒的

印迹

267

500元钱捐给灾区儿童。看着生活并不宽裕且长年多病的老教师，学校负责人无论如何也收不下这笔款子，最后，相持不下的双方竟都争红了脸。

正在外地参加遗传学大会的陈竺院士和陈赛娟教授听说了赈灾献爱心主题晚会的消息后，夫妇俩马上打电话到家中，委托父母到瑞金医院捐上2000元赈灾款。

老院士谢希德、谈家桢、李国豪也献上自己对学童的一片爱心。儿科专家、白玉兰奖获得者、87岁的郭迪老教授捐款1000元。

上海教科院附属实验学校成立伊始，将用于成立庆典的2万元全部捐给灾区。学校的全体师生表示，只要灾区儿童能按时开学，能在初退的洪水中安放下一张平静的书桌，这才是我们最值得庆贺的。

上海的大中小学生行动起来了。5元，10元，50元……他们知道灾区有成千上万的"小江珊"们在等待着，等待着能避风雨的教室，等待着散发墨香的课本，等待着能在平坦的操场上向新的起跑线奔跑……听说教师节举行赈灾助学献爱心晚会，小曹雯再也按捺不住内心的激动，当即摔碎了自己的储蓄罐，将她的全部"积蓄"带到晚会现场，要亲手交给江珊妹妹。小曹雯说，我也是一个没有妈妈的孩子，一场车祸夺去了妈妈的生命，是社会大家庭养育了我。

今天，我也要对社会尽一点微薄的义务。小学生何子锐等不及赈灾晚会，催着妈妈陪他一起将自己的150元零用钱送到上海教育电视台，成为第一个向晚会捐款的人。

华东理工大学的盛白瑜同学来自安徽农村，暑假里没有回家，为的是在上海打工，攒一些学费。知道赈灾献爱心的活动消息后，毫不犹豫地将自己打工挣来的1000多元全部捐给灾区儿童。中纺大（今东华大学）的20多名留学生一直关注着中国的抗洪形势，开学后，他们马上将本用于学费的数万元捐给灾区。他们说，在他们的祖国遭受灾难的时候，是中国人民向他们伸出了援助的双手，爱心没有国界，愿灾区的学生早日像其他地区一样拥有窗明几净的校园。

三

绿叶人明白，主动请缨请来的不仅仅是"伸出我们的双手"赈灾献爱心主题晚会的主办权，更是一场前所未有的考验。

主题晚会从活动创意到活动实施仅仅10天时间。在时间紧、任务重的情况下，教视立即在全台上下实施总动员，号召全体"绿叶人"一切为了主题晚会，一切保证主题晚会，一切服从主题晚会。一句话，除正常的电视制作、播出外，所有人员全部"上堤"。

为了给晚会采制第一线的感人素材，教视向抗洪前线派出四路记者，一路赴江西九江，一路赴湖北武汉，一路赴湖南岳

阳，一路赴黑龙江大庆。记者们冒着高温，顶着洪水，从前线发回一则则真实、感人的报道。灾区的学童，灾区的校长，帐篷学校，教材的发放……这些主题内容集束化地投放于26荧屏，在上海几大电视传媒中，首开灾区教育这一主题视角，同时也为已经启动的"伸出我们的双手"主题晚会进行着十分有效的舆论铺垫，起到了必要的"预热"作用。

当前线记者从灾区带回大量的资料、素材时，全台马上组织集体观摩。这些素材画面感人肺腑，催人泪下，使得全体绿叶人深深地理解了主题晚会的责任，感受到自己肩上担子的分量。形成了憋着一股劲、拧成一股绳、心往一处想、劲往一处使的兴旺"人气"。

为了广泛发动上海教育系统及社会各界，市教育党委、市教委专门召集会议并发文在本市的大中小学等教育系统进行全面动员。与此同时，解放日报、文汇报、新民晚报、劳动报、青年报、上海教育报、上海中学生报、少年报等报纸也先后就本次主题晚会发布新闻和通栏公益广告，引导舆论，形成气候。

主题晚会的全部节目中，70%均为自制节目。教视排除了种种困难，组建了一支由精兵强将组成的编、导、演队伍。稿本斟词酌句，排练精益求精，走台举一反三。VTR的创意与制作更是毫不含糊、精耕细作。舞台设计、灯光、道具，电视墙的测试，卫星传输的联络，现场热线电话的排、设，供主题晚会使用的专门信封、广告衫等，也都反复推敲、有效落实。

可以说，主题晚会的成功首先是战略部署的成功，苦练本领的成功。宝剑锋从磨砺出，梅花香自苦寒来，正是这种坚实、充分、细致的准备工作，使得绿叶人能够充满自信地在电视直播、卫星实况转播的环境氛围中迎接挑战，迎接胜利。

四

七天，五天，三天，一天……

对绿叶人来说，"伸出我们的双手"主题晚会的倒计时既短暂又漫长。一切的一切，都融入了紧张繁忙的准备之中，一切的一切，都为了埋藏在心底的共同约会：9月8日，看我们的！

当时针指向9月8日晚上7时30分时，总控室传来直播现场各路汇来的信息：

各机位准备完毕！

切割台准备完毕！

舞台效果准备完毕！

捐赠热线准备完毕！

全体演员准备完毕！

卫星传输系统准备完毕！

洪水翻滚，浊浪排空。生与死的抉择，师与生的情怀。直播现场通过卫星再次把现场观众和荧屏前的观众带回到并不久

印迹

远的昨天，那个不忍回首的昨天！

来自黑龙江灾区的老校长甚至还来不及放下高卷的裤管就走到了直播现场。在洪水肆虐的日子里，老校长孤身一人奋战在校舍，如此瘦弱的身躯，竟奇迹般地在一片汪洋的世界里保全了校舍。

她叫余杰，来自湖北长江边上的农村。幼小的她已回忆不起琅琅的读书岁月了。由于家贫，小余杰早就把读书的权利让给了她的哥哥余华军。在8月的抗洪斗争中，她的哥哥为了保护大堤，奋不顾身，跳进波涛滚滚的江水中，从此再也没有能爬上岸。晚会上,著名歌唱演员周冰倩与小余杰同歌的一曲《真的好想你》演绎了一段生者与死者的对话,其景其情,如歌如泣,感人肺腑。一曲歌罢，周冰倩忍不住流下了眼泪，她马上将所带的10000元全部捐给了余杰小妹妹，叮嘱她重回校园。上海中学唐盛昌校长得知了小余杰的遭遇后，专程赶到现场，授予她上海中学荣誉学生称号，把上海中学的校徽佩戴在小余杰的胸前。并表示，上海中学将承担余杰再就读期间的全部费用。

舞台上，刚从灾区返校的三名华师大学生用他们的泪水谱写着发生在家乡的感人故事。他们说，虽然不是职业演员，但他们用心，用澎湃于心中的热血，用他们从前线带来的人类最崇高、最纯洁的感情，在教师节的舞台上展现抗洪前线可歌可泣的生命之歌。

在晚会现场，上海大中小学的师生将为灾区学子重建校园送上自己的赈灾款。华师大校领导当场宣布学校对在上海就读的灾区学生所采取的种种费用减免措施。吴孟超院士也来到现场，奉上还留有体温的"红信封""再难不能难教育，再苦不能苦孩子"，灾区父老的铿锵之言令现场观众动容。上海各界纷纷伸出援助之手。上海住总集团早已向灾区捐资76万元，得知教师节赈灾献爱心主题晚会的消息后，集团职工再次个人募集46万元送到晚会现场。上海日立家用电器有限公司职工在捐款25万元后，又赶制了价值25万元的毛毯，供来自灾区的大学生在上海过冬之需。

在直播现场，上海教育电视台宣布拿出5周年台庆的30万元庆典费在抗洪英雄高建成的家乡建立绿叶·高建成希望小学。市委副书记龚学平亲笔为希望小学题写了校名。高建成家乡代表、湖南湘阴县副县长李克威专程来到现场从上海教育电视台台长张德明手中接过校牌。

晚会现场气氛热烈。而捐赠热线更是彼伏此起，欲罢不能。山东、辽宁、四川、湖南、云南等全国各地电视观众也纷纷通过电话、电报向活动现场捐款。美国哥伦比亚大学、哈佛大学等高校的中国留学生组织在国际互联网中得知主题晚会的消息后，也发起了赈灾捐款活动，并随时通过电子邮件向晚会现场通告捐款消息。

印迹

90多岁的老教师，5岁的幼儿，满头华发的院士，劳教所中良心未泯的劳教人员，不久于人世的绝症患者等，都在教育的旗帜下站到了一起！没有刻意的雕琢，也无须豪迈的表白。置身于如此宏伟、灿烂的天地中，教视——一瓣永葆生机的绿叶，就这样与爱的春天融为一体。

五

事已过，境已迁。但心依旧，永难忘。

"伸出我们的双手"主题晚会给上海教育电视台留下了许多难忘的乐章、难忘的故事。就像主题晚会所具有的不可磨灭的深远意义一样，这一活动也必将深深地印记在上海教育电视台的编年史上。

对上海教育电视台来说，主题晚会不仅仅是一次爱心的奉献，更是一次形象的展示、精神的凝聚、实力的检验、队伍的锻炼。通过主题晚会，上海教育电视台向上海乃至中国展示了自己一贯的社会形象，即关注时代、奉献社会、以育人为己任的绿叶品格。应该说，这种品格已深深地印记在教视前进和发展的每一个脚印上。稍稍回顾一下教视短短的发展历程，不难发现，教视前进的每一步都无不投注着强烈的社会关怀，体现着浓厚的时代责任。教视以向新疆、内蒙古、西藏、宁夏、云南5个边远地区赠送优秀教学录像带的形式度过了自己的一周年台庆；资助井冈山、宝塔山、六盘山、大别山、沂蒙山等5个革命老区的26名失学儿童是2周年台庆的主要内容；以向当时遭灾的张北、郫江等全国四个灾区的中小学赠送电脑等现代教学设备的形式作为教视的4周年庆典；用5周年台庆的全部经费在抗洪英雄高建成的家乡建立一所高建成绿叶小学。主题晚会的举办，更是上海教育电视台立足上海、面向全国、关注教育的社会形象的成功"亮相"。

主题晚会也是教视全体员工的一次强大的精神凝聚。它进一步激发并强化了全台上下不甘示弱的竞争意识，哀兵必胜的生存理念，敢于胜利的心理素质。而这正是教育电视台发展和繁荣的希望所在。在主题晚会的前前后后，全台同心同德，齐心协力，分工有序，步调一致，不计名利，顾全大局，在共同的目标和旗帜下，谱写了一曲团结奋进的乐章。

主题晚会检验并证明了上海教育电视台的实力。表明了教视敢于攻坚、敢于啃"硬骨头"、敢于打大仗的勇气、信心和能力。对上海教育电视台来说，通过卫星向全国实况转播在广电局的演播厅举办的上海教育界赈灾献爱心主题晚会，这既是一次前所未有的挑战，也是一次前所未有的机遇。事实证明，教视经受住了这次考验。它表明，上海教育电视台已经基本具备了举办类似大型活动所必需的策划运筹能力、创作编排能力、统筹协同能力、技术支撑能力、物质保障能力。

印迹

主题晚会也是对教视队伍的一次考验和锻炼。整个活动工程中，节目部、技术部、报道部、总编室、办公室、广告部都出色地完成了活动组委会交给的任务。活动锻炼提高了绿叶队伍的业务素质，使绿叶人学到了平常很难学到的业务本领。

还有一年多的时间，人类就要进入 21 世纪了。绿叶人与人类一起回首 20 世纪的百年史的时候，总忘不了将自己的视线投注于人类应该倍加关注的绿色事业。而绿叶人对"伸出我们的双手"主题晚会的关注和执着，与其说是绿叶人持之以恒的敬业精神的体现，不如说是勃发不息的绿叶情怀的驱动。或许，多少年以后再回眸这段历史的时候，第 14 届教师节的主题晚会只是一段小小的往事。但我们心里明白，正是这一段段小小往事——也只有这一段段小小往事——垒建着明天的辉煌，就像千万瓣绿叶的飘扬宣告着勃勃生机一样。

（本文初发表在《永远的绿叶情——上海教育电视台六周年回顾》复旦大学出版社 1999 年版。本文作者写作此文时为上海教育电视台总编室主任）

尤存
上海教育电视台原党总支书记、原常务副台长

春华秋实 岁物丰成

上海教育电视台 30 岁了！三十而立，恰是风华正茂！春华秋实，岁物丰成。回望她一路走来的足迹，我们为她的故事感动，更为她的风采骄傲！往事历历，想起了曾经在教育台存在过 15 年、值得我们回念的一个部门——教学部。

2000 年，上海远程教育集团成立后，为了进一步优化资源配置，上海电视大学（现上海开放大学）电化教育处于 2004 年起正式并入上海教育电视台，人员、设备、场地和播出时段由教育电视台统筹，原电大电教处更名为上海教育电视台教学部。

教学部承担的主要工作任务有以下几大板块：一、负责上海电视大学（上海开放大学）学历教育和非学历教育视频课程资源建设。平均每年制作视频课程三百多学时，内容涉及电大（开大）各学科专业，为广大学习者提供满意的教学配套服务。二、承担老年教育节目制作。原电大电教处自 1995 年开始制作老年节目（现播出名为"银龄课堂"），2004 年教学部成立后，对"银龄课堂"的节目形式进行电视化、栏目化的创新，

印迹

在满足老年观众通过视频课程求知解惑的核心需求的同时，增强节目的观赏性，每周一至周五在教育台黄金时段播出。这些节目不仅为上海的老年人提供了满意的学习内容，同时也被输出到浙江、江苏、天津、福建、厦门、武汉、香港等地，被国内外同行所关注。三、建设上海老年人学习网。按照集团要求和教育台安排，教学部于2006年开始搭建"上海老年人学习网"，时任教学部主任的谢平同志带领部门员工全力以赴，边学边做，于次年顺利完成网站建设。之后，教学部拨专人进行网站维护，每日更新时事信息、社区老年活动信息、老年大学办学信息等。该网站的建设，弥补了频道资源紧张和电视教学单向输出的不足，增强了教学的互动性，受到老年人的欢迎。荣获上海市学习型社会建设与终身教育创新奖和上海老年教育先进集体称号。四、为上海市教委提供相关视频拍摄制作服务。从中职校"星光计划"技能比赛，到"璀璨星光"艺术节，连续十二年，都有我们ETV摄像机在现场捕捉活动的精彩瞬间。原教委职教处的王向群处长曾赞誉道："要找中职校的镜头就到教育台教学部！"上海市教委曾为教育台教学部颁发了"服务星光计划特别贡献奖"，对教学部的工作给予了高度认可。五、承担集团和学校大活动视频服务工作。包括AAOU国际会议、开大更名专题片、学校宣传片、学士学位授予仪式、总校及各分校招生活动宣传报道等，记录了集团和学校改革发展的重要时刻。时至今日，在教育台库房里，仍然保存着教学部移交的电大初创时期最早的一批视频资料，这些都是非常珍贵的影像记录。

并入教育台后，为了继续发挥原有制作设备、演播场地和片库等多方面的优势，教学部继续留在阜新路25号办公。由于工作环境的特殊性，教学部的编导个个都是多面手，从前期策划、拍摄，到后期剪辑、字幕包装、片头制作、音乐编辑，直至最后播出带的完成，在台里需要几个部门合力完成的工作，在教学部则须由编导一个人完成，这也因此锻炼了编导们对于整个电视工作的全流程技能。在教学部，负责技术支持的只有两名同志，面对整个部门的日常工作需求，从外拍、棚录、后期编辑等各流程的设备支持，到新老设备的过渡、衔接与维护，工作强度之大可想而知。其间，他们还陆续清理核对了电大多年来遗留下的老旧设备340台件，总价值达230多万元，做到账、物两清。他们还同时兼顾了阜新路虚拟演播室和国顺路高清演播室两个重大建设工程的技术工作。其间，技术部负责人、高级工程师王强同志发挥了关键作用。他查阅大量的技术资料，制定改造项目的技术要求，全程参与工程招标和工程建设。那段时间，他每天都会多次前往施工现场，协调解决施工中出现的问题。他的家里，老父亲90岁高龄，卧病在床，多次入院。面对艰巨的任务和家中的困难，他坚持工作为重，兼顾家庭，

不诉苦，不抱怨，完成任务不打折扣。他的身体严重透支，曾两次晕倒在岗位上。可是他依然从容、温和、严谨、严格，坚持每天的高负荷和高效率，直到虚拟演播室和高清演播室顺利完工。

2019年，根据教育台整体布局和任务调整，教学部建制撤销，人员、设备和演播场地完全融入教育台各部门。教学部建制的撤销，是上海教育电视台在新的历史阶段，为更好地服务广大市民所做出的决策，是教育台在发展过程中的又一次自我革新和优化。教学部，是教育台30年发展里程中的一段过往，一段充满了自强与奉献、嬗变与升华的过往。

深深祝愿上海教育电视台在继续前行的道路上，长风破浪，直挂云帆，砥砺前行，不负韶华，为不断推动中国教育电视事业的发展做出更大的贡献！教育电视必将大有可为！

张道玲
上海开放大学原党委副书记
上海教育电视台原党总支书记

忠诚教育 传播价值

在东方风来满眼春的 20 世纪 90 年代，上海，建设一流城市呼唤一流教育的时代大潮汹涌澎湃，上海教育电视台应运而生。从此，在上海这座特大型城市的众多媒体序列里，出现了一家以教育命名的电视媒体；从此，教育电视台的属性，就成为教育电视人面临的永恒命题。

记得在上海教育电视台筹备成立之际，时任上海市政府教卫办副主任的薛喜民同志，在多次筹备工作会议上强调，教育电视台要"三贴"，即贴近教育、贴紧教育、贴实教育。2006 年，组织上调我到上海教育电视台工作，行前我专程向当时在市委宣传部工作的教育电视台原党总支书记、常务副台长尤存咨询请教。记得尤存同志语重心长给我两句忠告："教育电视台不要成为教育的边缘，教育电视台不要成为电视的边缘"。今天，在上海教育电视台成立 30 周年之际，再重温当年老薛主任的"三贴"和尤台的"两不要"，特别令人感慨。这"三贴"和"两不要"，高度概况了教育电视台的本质属性和生命力所在。

上海教育电视台首任党总支书记兼副台长谢家骝，作为一名资深的教育局长，以极为专业的教育视野和格局，为上海教育电视台的创台、开台和教育电视台绿叶大厦的建设作出了极其宝贵的贡献。记得谢台曾经说过一句很有名的话："教育是百年大计，教育电视台绿叶大厦也是百年大计"。多年后，当人们步入这座当年荣获上海建筑白玉兰奖的教育电视台绿叶大厦，更感悟到谢台这句话沉甸甸的份量。托起这份量的，正是教育电视人的教育忠诚和价值观。

宋代思想家、教育家朱熹的名句"问渠那得清如许，为有源头活水来"，不仅道出了大自然的规律，也道出了人类社会和思想发展的哲理，似乎也揭示了教育电视台存在和发展的密码。教育电视台的源头，就是教育；教育电视台的活水，就是传播。溯源，就是对教育的忠诚；活水，就是让传播更有价值。

忠诚教育，传播价值，坚守传播导向。人民教育家于漪老师和上海教育电视台有着非同一般的情缘，几乎在上海教育电视台 30 年成长的每一个重要阶段，都有于漪老师的关爱、激励和引领。进入 21 世纪之际，于漪老师出过一套《于漪新世纪教育论丛》，这套丛书六本书的主题分别是："启智""凝望""反思""呐喊""坚守""超越"。这六个主题体现了于漪老师强烈的教育情怀，也是教育电视台教育使命和传播导向的价值引领。作为教育电视媒体，既要捕捉平凡的岁月静好，更要有传播导向的标杆。教育电视台的摄像镜头从一个个普通的校园生活到一年一度的上海教师节主题活动，从一个个普通的讲台到上海教育年度新闻人物评选，这一切，正是教育电视人的教育使命感和传播价值导向的体现。

在市教卫工作党委、市教委领导下，历年来上海教育电视台举办的上海市教师节主题活动，以主题为核心，以人物为原型，以思想性和艺术性相结合为特征，逐步凝练成为一种独特的教育文化传播现象，影响日盛。历届教师节活动主题折射出人们对教师节内涵的思考，从"播洒辉煌"，到"今天我们怎样做老师"，从"沧海云帆"到"不负使命"，从"教育奠基未来"到"为了每一个学生的终身发展"……这一个个主题镌刻着教育发展和师德情怀的时代足迹，也彰显了教育电视人的教育使命和传播价值。记得在一次教师节主题活动研讨会上，时任上海文广传媒集团副总裁滕俊杰说："教师节主题活动既没有奢华的舞台，也不靠绚丽的灯光和大腕明星，但是却承载了极为丰富深刻的思想内涵，并具有独特的表现样式。"时至今日，当我翻看着这一册册节目单，看着那一个个熟悉而亲切的名字，回想当年滕总的这番话语，更感悟到：这一届届教师节的主题活动，正是教育电视人忠诚教育，传播价值的一次次努力践行。

上海教育年度新闻人物评选，是上海教育电视台和上海教育报刊总社、上海市中小学幼儿教师奖励基金会共同主办的一项有重要影响力的活动，得到解放日报、文汇报、新民晚报、

印迹

青年报、新闻晨报、东方早报、上海广播电视台、东方网等社会媒体的大力支持和参与。历年来，诞生了一批品格高尚、事迹感人、具有新闻特点的教育年度新闻人物。从默默无闻的普通一线教师到服务国家战略的幕后英雄，从援藏援疆到教改创新，从身残志坚到见义勇为……上海教育年度新闻人物的评选，体现了鲜明的价值导向，产生良好的社会影响。每一次颁奖典礼主题的凝炼，每一个教育年度新闻人物短视频和颁奖词的创作，正是教育电视人忠诚教育，传播价值的一次次努力践行。

忠诚教育，传播价值，拓展传播格局。上海教育电视台30年，见证了中国教育事业蓬勃发展的历程。教育电视人积极贯彻党的教育方针，努力发挥教育电视媒体作用，努力传播好重大教育政策、改革举措、重大典型和社会热点。宏观从上海两会到全国两会，中观从招生考试到课程改革，微观从中小学班主任到高校辅导员，都留下了教育电视台辛勤耕耘的足迹。与此同时，教育电视人努力拓展传播格局，创设社会大教育媒体品牌节目。2010年，举世瞩目的世博会在上海举行，教育电视人精心设计播出了《世博每日谈》教育新闻特别节目。从5月1日到10月31日，从周一至周六，每天一期，谈世博，知天下，传大道。邀请沪上名家学者，走进演播室，畅谈世博会，解读世博会，结合各国的展馆文化，通过场馆内外的多维介绍，与观众一道领略世界各地的历史文明、风土人情，深入探讨文化传播、城市文明、未来新能源的发展等。今天再回看"世博每日谈"，里面很多分析预测，都已成为现实。

在 2010 上海世博会举办期间，上海教育电视台推出《世博一课》20 集系列片。《世博一课》定位在以世博场馆为载体，以世博主题为引领，采取进园区拍摄和棚内拍摄结合的形式，特邀上海名师担任主讲，内容涉及科技、环保、历史、人文等各个方面。节目播出后，深受欢迎，许多观众来信来电，纷纷索要《世博一课》的光盘资料。《世博每日谈》和《世博一课》十分契合社会大思政的教育理念，也是向上海世博会的献礼，凝聚着教育电视台节目团队的汗水和智慧。

弘扬优秀传统文化，加强学校美育，是国家的战略，是时代的呼唤。2012 年，教育电视台承担了国家文化精品工程项目百集《说戏》，包含京剧、昆剧、川剧、豫剧、粤剧、沪剧、秦腔、歌仔戏等 11 个剧种，工程浩大，任务繁重。教育电视台节目团队以高度的责任感和使命感，向观众交出一份满意答卷。播出的《京剧的流派艺术》等系列，受到京剧界、文化界和学校的广泛好评。

2014 年，上海市卫生系统青年人才奖励基金会和教育电视台合作举行第二届左英护理奖颁奖典礼，2015 年又合作举行第十五届银蛇奖颁奖典礼。左英护理奖和银蛇奖分别是上海护理界和医学界最高规格的奖项，这两个颁奖活动一直持续至今，诞生了一批批优秀的医护人才精英，也拓展了教育电视台的传播格局。此后教育电视台又和上海市卫健委合作，推出了《健康演说家》节目，汇聚了上海三甲医院到社区医院的优秀青年医生进行健康科普电视演说。教育电视台节目团队以开放的格局，汇聚资源，精心策划制作，节目令人耳目一新。令人欣喜地看到，今天节目团队进一步创新打造了《健康脱口秀》，节目内容和形式大为创新，并且在电视播出和网络传播获得巨大成功。这一切，正是教育电视人忠诚教育，传播价值的一次次努力践行。

忠诚教育，传播价值，遵循传播规律。在 2023 年端午节前夕，于漪老师亲手赠我的《于漪知行录》里，有这么一段话："教师不是先知先觉，但对所从事的教育事业，教学工作必须认真地'知'，清醒地'觉'，切不可'不知不觉'，局囿于混沌之中。教育究竟是什么？我到底要做什么？我应该做什么？我现在在做什么？想清楚，就会在正道上迈开步子，奋勇向前。"读于漪老师的这段话，令人感悟这位人民教育家对于教育的敬畏、忠诚和自觉。我觉得于漪老师这段话，也正是对于教育电视台如何忠诚教育，遵循传播规律的宝贵启示。在 2019 年上海教育电视台成立 25 周年大会上，孙向彤台长致辞的主题是"守正创新"，这 5 年来，上海教育电视台从节目内容到节目形态，从办台格局到办台格调，从价值取向到传播力度都发生了深刻的变化，这种变化必将成为上海教育电视台未来发展的持久生命力。

1994年上海教育电视台诞生之日，正是中国全功能接入互联网之年，上海教育电视台30年的风雨历程，经历了从铅字排版到电脑排版的印刷革命，从传统媒体到新媒体的传播裂变。所谓"铁打的抖音，流水的网红"，道出了传播的规律，那就是内容为王，守正创新。在今天上海教育电视台媒体融合发展势头迅猛，帐号矩阵总粉丝量已达450万的同时，更喜闻2023年上海教育电视台获得中国广播电视大奖、全国行业电视协会奖等多项重磅奖项。反映于漪老师教育人生的上海教育电视台原创作品《大先生》荣获"年度优秀纪录片"奖，这正是"忠诚教育，传播价值"的文化自觉和文化自信。

加拿大传播学者迈克卢汉说："我们塑造了工具，工具又塑造了我们"。从这个意义上说，教育电视人塑造了教育电视台，教育电视台也塑造了教育电视人。

感恩组织和上海教育电视台给予我的历练和提升，让我的人生更精彩！

衷心祝愿上海教育电视台和上海教育电视人未来更精彩！

张伯安

上海教育电视台原党总支书记、原副台长

印迹

绿叶的价值

在上海教育电视台的发展历程中，中国名校大学生辩论邀请赛是其中浓墨重彩的一笔。以词句为仞，以真理为尺，掷地有声的"对方辩友"，劈浪一般的挥手动作，成为 20 世纪 90 年代一个铿锵有力的文化符号。1996 年的大学生辩论邀请赛，迎来了一支特殊的队伍——西安交通大学队。这一年是西安交通大学建校 100 周年暨迁校 40 周年，这也使得他们在上海参加的这场辩论赛具有更加特殊的意义。他们怀揣忐忑而来，却力压群雄，意外夺冠。这一鼓舞对于交大人意义非凡，此后校园辩风大盛，更是在 1999 年国际大专辩论赛斩获桂冠。2016 年学校还专门举办了"西安交通大学辩论队首夺全国冠军 20 周年纪念活动"，回忆当年的辩论时光与青春岁月。

1996 年的冬季，西安交通大学辩手樊登、路一鸣、郭宇宽在上海教育电视台的演播室里初露峥嵘，并在此后陆续开启了与攻读专业大相径庭的职业生涯，与媒体有了更多的缘分与交集。名校大学生辩论赛评委金庸称赞"西安交大有雄辩之风"；

评委余秋雨点评，"没想到西安交大阵营里杀出了黑马，让局势大变"。

在电视媒体的舞台上，上海教育电视台也仿若一匹黑马。它在科教兴国的春天里破土萌芽，在媒体市场的激烈竞争中奋力搏击。它诞生于电视传媒的黄金岁月，却在传媒的整合发展、集团化扩张的浪潮面前，多了一份孤独与另类。我许许多多的同事们，以智慧办台，以拼搏办台，以清新的绿叶风，丰富着上海的电视生态和观众视野。

这是一次毫无先例的尝试。中国教育电视的模式，在全球范围内没有先例可以遵循或者借鉴。在国外，承担教育公共职能的电视被称为"公共电视"，最主要的特征是不盈利，不能私人持有，播出的节目坚持为公众服务的目标；公共电视具有相对的独立性，可以与政府和商业都保持一定的距离。中国教育电视台自诞生的那一刻起，就承担着多重的使命，既践行"让教育插上电视的翅膀，让电视播散教育的阳光"的公益担当，又在市场经济的汪洋大海里饱经考验。它曾有很多标签："弱势媒体""带着镣铐跳舞"，却以教育系统直属电视台的独特体制、教育定位与媒体规律不可或缺的独特模式、单一频道电视台的独特架构，走出一条独具特色的教育电视发展路径。它的实践经验丰富着中国广播电视发展史，并在推进教育综合改革的历程中发挥着重要的作用。

印迹

　　这是一个传递力量的频道。从播放电视课程，到收视率争夺的短兵相接，到沉淀于教育、健康领域的垂直深耕与全媒体传播，教育电视台的节目所演绎和展现的，从来不仅仅是观感的享受和精神的松弛。《成长的烦恼》带来了笑声，中国名校大学生辩论邀请赛带来了思考，《我们一起填志愿》带来了有效工具，《开学第一课》带来了守护平安，《健康脱口秀》带来了寓教于乐。"天下之至柔，驰骋天下之至坚"，它的风格是温和坚韧。坚持长期主义，向下扎根，向上突破。以轻娱乐的方式，为年轻人带来正向的引领，陪伴着一位位观众的成长，从考生到步入职场，到为人父母，以精神之光点亮人心，带来"一老一小一家人"的欢乐。它的气质是有善、有趣、有益。放大核心要素，紧扣观众的爽点、痛点、价值点，舒缓焦虑，解决刚需，满足价值感。它的节目更多一些安静。将深刻的用户洞察与通俗的节目表达相结合，用简单却有力的方式展现内容本身的价值和魅力。

　　无论在电视炽盛的年代，还是荧屏遇冷的今天，教育电视台的温度始终是暖的。

　　这是一个彼此成就的舞台。30年，波澜壮阔的改革开放，造就了举世瞩目的中国奇迹；30年，媒体生态的巨大变化，重塑了人们对于世界的认知与表达方式；30年，上海教育电视台传递着与这座国际都市相辉映的人文关怀，与观众共同守候"寒雪梅中尽，春风柳上归"，并成就了一代又一代绿叶人的职业梦想。2004年适逢中国名校大学生辩论邀请赛十周年，我们希望策划一个"王者归来"的特别版本，邀请历届冠军队悉数回归，再聚辩坛。其他的学校都很爽快地答应了，只有西安交通大学在电话中表示了委婉的拒绝。这种态度的背后也正体现了学校对于辩论赛的高度重视和审慎。当时毕业不久的我，放下电话就奔赴机场，几个小时后便出现在西安交大的校园，令学校的领导们既意外又感动。也许是被我们的诚意所打动，西安交大最终再次参加了十周年特别节目，并在这次角逐中再度夺魁。此后，无论是当我在海外读书时，千方百计采访美国传媒界重量级人物，写作《走进美国电视》；还是在与上海电视台停止广告合作之后，和同事们一起在经营低谷艰难拓展，我想，绿叶台的经历告诉了我们每一个人，如何韧性生长、持续向上。

卅载光阴弹指过，未因磨染是初心。与变化共生，与时代同频，祝福绿叶台永远是少年，明天更美好。

陆生
上海教育电视台原常务副台长

印迹

2022 年，迎接党的二十大胜利召开，赓续师范精神，四集大型系列纪录片《大先生》倾情献映。

2022 年，绿叶艺术团成立。

一片绿叶子 一把金钥匙

我喜欢远方的诗与画，所以退休后就到处旅游。驴友中总有些年龄相仿的，大家交流时得知我原本在教育电视台工作，就会说："晓得，晓得。一片绿叶子，一把金钥匙。"时光倒回30年，当初这些驴友的子女可都面临升学的压力，有小升初，初升高，高中考大学的，全家重中之重就是为孩子助学，当时工资都不高，请不起家庭教师，就封锁电视娱乐节目，但教育台的 ETV 家庭教师是必看的。每晚 7 点，家长就会准时打开26 频道，教育台的台标是一片绿叶，ETV 家庭教师的片头是一把金钥匙，几十个课时下来，家长们就牢牢记住了这些符号。直到现在这些驴友还在感谢教育台为他们做了一件实实在在的大好事。争相讲述着他们的子女从 ETV 家庭教师中得到的收益和启迪，不少孩子如愿进入了他们心怡的学校，开启了自己更高层次的学程，成功地踏上了社会。

ETV 家庭教师是教育台建台之初的一档有社会影响力的节目。作为主创人员，我深知这档节目来自不易。可以说 ETV

293

家庭教师不单单是教育台的，而是这座城市智慧的体现。

当初为了早日实现让绿叶飘进千万家的愿望，台里请来了一批教育专家听意见，请一批学者搞调研，又请不少新闻界朋友出点子，最后大家不约而同地认为：当前社会上有两大热点，一是如何赚钱，二是如何让孩子更聪明。教育台在第二大热点上大有可为。因为在择优选才的大环境下，知识再次绽放光芒，家长对子女的教育投资逐年增加。一些滥竽充数的南郭先生混进了家庭，捣起了浆糊，由此产生了不少纠纷，有的形成了社会矛盾。教育台听取了社会的意见，及时切入。在市教育局的大力支持下，一支百里挑一的本市优秀高资质教师集中到教育台，探索在电视上用一种全新的形式、全新的教法，结合学生的课堂教学，启发引导学生的兴趣，激发学生的智慧。教育台又克服了建台初缺拍摄场地、缺设备、缺制作人员的种种困难，抱着办法总比困难多的决心，硬是让 ETV 家庭教师在 26 频道如期播出。当一大批学生和家长久闻大名的上海顶级教师每天在教育台屏幕上，免费为学生授课释疑时，惊喜、赞叹、感激之情油燃而生。他们相互庆幸，奔走相告。一夜间 ETV 家庭教师火遍全上海，进入了千家万户。

ETV 家庭教师不仅是一档电视教学节目，亦起到了展示上海优秀普教水平的作用。特级教师们精湛的教态、别具特色的教法，为一大批年轻教师作了示范，让他们得到启迪，受益匪浅。

也为提高全市普教水平推波助澜。

ETV 家庭教师作为上海的首创，社会效益和经济效益双丰收。各地纷纷效仿。还作为礼物支援七个省市。

当然 ETV 家庭教师作为一档节目早已过去，但是节目所体现的"让教育插上电视的翅膀，让电视播洒教育的阳光"这个建台初心和艰苦奋斗，自强不息的创业精神会永远存在。

时光荏苒，教育台已经成立 30 周年啦！作为一名初创者感慨万千。

首先，我很幸运：我的人生轨迹和一个国际级城市的发展轨迹在某个点上交汇了。让我见证了绿叶台的孕育和诞生，并亲身经历了绿叶台的艰苦创业岁月。

其次，我很自豪：我们这些老绿叶人以自己的无私奉献、以三超（超负荷运作、超常规发展、超时间工作）的拼搏精神实现了让绿叶飘进千万家的誓言，并筑起了雄伟的教视大厦，夯实了绿叶台发展的基础。

再者，我很感谢：在绿叶台这个特殊的高端平台让我尽情释放着自己的能量，遇到了许多志同道合的同事和朋友。让我们在为共同的目标奋斗中迎接挑战、演义激情、承受压力、享受着其中的苦与乐。这为我的人生增添了许多亮丽的色彩。我会永远铭记这段宝贵的经历，永远珍视自己身上烙下的深深的绿叶印记。

印迹

最后，我希望：绿叶台在不断变化的环境中发展壮大，希望绿叶台以海纳百川的襟怀倾听各方意见，共同努力使绿叶台的叶更翠、脉更坚，让更多的受众享受到教育的阳光和知识的甘露。

殷振邦
上海教育电视台原节目部主任

贴近社会 开创上海教育电视台经营之路

秋日，我与上海教育电视台老友游浙江平湖，途中接教育台总编室主任东雷老友来电，适逢庆贺上海教育电视台开播30年，要为"绿叶三十年，与时代同行"撰文。

30年前，1993年10月我离开上海机械学院（上海理工大学前身），到四川中路220号204室上海教育电视台筹备组报到，一群来自四面八方互不熟悉的人们，来到前途未卜的新单位，每个人都带有满腔热忱，奔向发展目标，共同开拓志向的新空间……有来自高校、高教电教馆、有线电视台、上戏毕业的编导、上海电视台技术人员……还有博士生。

1994年2月27日晚在上海戏剧学院剧场举行正式开播仪式，从此上海电视播出信号上载有"绿叶"标志的地方专业台进入大众视线，当时在上海有线网络中只是增补35频道（直至1995年6月才改DS7频道），信号弱难接受，无法覆盖市民千家万户，致使开播后的教育台开展市场经营，对参与和强大的上视、东视竞争，从广告市场分一块蛋糕有致命的弱点和带来困难。

　　2月27日教育台开播后，为贴近社会，立足教育，台领导与上海市教委教研室精心策划一档为参加高考、中考的学生服务的"ETV家庭教师"栏目，当时台里编导们都热衷于文艺娱乐节目，对此教学类节目不感兴趣，台领导考虑决定让殷振邦任编导，我任制片，我们无可推托，我和老殷全力以赴，要把课堂教学搬进千家万户，要打品牌提高节目收视率，邀请主讲教师都是上海一流名师，如上海中学校长唐盛昌老师、杨浦中学特级语文教师于漪老师、有十几年高考英语出题经验的上海外语教研员杨顺德老师……此进入家庭的教育节目在上海荧屏上播出，把一流师资为参加中考、高考学生进行知识传授和点拨，解决学生在课堂中学习的难点，进行有针对性的辅导，一定会受到广大学生和家长的欢迎，我们得把节目做好，尽管制作经费紧缺，在制作节目同时，我奇思突发，我们节目播出定会取得社会效益，有它的卖点，是否可通过市场去寻找单位赞助或广告投入，与老殷商量后，他极力支持，让我试试，这是在刚成立的教育电视台从未有过的，任何其他电视台，包括上视、东视做节目从来都是上面拨款，用光为止，不会去考虑如何产出效益，有此想法后，在节目制作空余时，事先做好功课，寻找当时在上海广告投放大的企业，第一个就是上海牙膏厂，到市场部部长办公室门外排队等候接待，等到我与部长会面交流时，告诉他我不是来拉广告的，我向他介绍我们新成立的教育台即将推出

一档新节目，特想听他的意见和建议，听完"ETV家庭教师"后，他很高兴地告诉我，你们教育台为上海人民做了一件大好事，我有个女儿今年将参加中考，一定让她看你们的节目，很快似熟悉的朋友交流起来，随后他要我把节目播出内容、计划、时段及文案尽快交给他。赶回台与老殷连夜加班写文案，第二天到牙膏厂，冯部长拿着文案计算，说上半年的广告计划早定好已执行，但看到你们的节目与我们牙膏产品一样，都是要进入千家万户，会全力支持对教育台的广告投放，把别人计划让出部分，给你20万，马上签合同，先给你带回10万，这真是一个大惊喜！

在全台大会上，台领导拿着这张10万支票，兴奋地向全体绿叶人振呼：这就是我们教育台节目走市场的方向！

从此后，一发不可收拾，在领导支持下，再接再厉，到一家电器厂，与总经理交流中，对他们厂生产空气清新机策划如何融入我们节目带广告，回来与技术部陆振鸣商量，脱口一句广告语"爸爸买回空气清新机后，让我的脑子更清新了"。拍了15秒广告在片前播出，带进20万广告费。

"ETV家庭教师"播出同时，与海文出版社、复旦大学出版社联合出版书刊。这档投入经费10万左右的节目，从1994年4月起到高考前播出，广告费和版税收入超100万，这是教育节目走市场的辉煌胜利，标志教育台今后经营上发展的方向。

从"ETV家庭教师"播出后，1994年10月，台领导决定调

印迹

299

我到广告部，从一个电视制作人进入一个新的陌生的广告领域。

在即将进入 1995 年的全台迎新年大会上，在众多员工疑惑的眼神中，我鼓足勇气上台接下了"今年 600 万，明年翻一翻"的任务军令牌，走马上任。

上海教育电视台这块阵地，经营广告是很困难，频道信号不佳，收视率低，特定的收视群体，并受上海广电部门限定节目播出，为此不可能打阵地战，只有走自己的路，发挥自己的优势，创出自己的路，发挥好是别人无法可比的，这就是我们教育台经营之路。

回顾教育台初创期，我们创造了一个个辉煌，1995 年台领导会同社会文化精英，借助新加坡大专辩论赛在青年学生中引起的轰动效应，共同策划打造我们上海教育电视台自己的品牌，推出"中国名校大学生辨论赛"，此节目每年从全国各地选拔 8 所中国著名大学，站在世纪思考高度，为大学生辨手们提供展示风采的舞台，为教育台赢得很高的社会声誉，既有很好的社会效应，必可取得可观的经济效益，此项任务就是广告部必须承担挑起，从首届到第二届，我艰辛找到客户冠名播出，但是到第三届原来的客户家化产品"可蒙"被德国外资企业"汉高"兼并，退出了不能再继续合作，此时台总编室、办公室主任都奔赴各地联系，寻找新客户，临大赛前两周返回都没落实，此刻台领导召我下军令状，必须尽快解决，唯此压力，只能成功，不许开天窗，几天里日夜思虑，在客户群里寻找新方向，经多次联络，一天晚上 8 时，上海日立家用电器有限公司广告部长回家，看到我已在他家门口静候，惊讶地请我上楼接待，我们交流到 12 时后，才达成合作意向，在大赛前几天，签下以"日立"冠名辨论赛，每年提供 80 万广告费。

从 1995 年首届辨论赛开始到我工作退休，"日立"品牌陪伴到第十四届，此赛事每年举办，教育台像过节一样，迎送来自全国各地和港澳台的大学生们，绿叶飘向全国，取自于社会的经费办好大活动，同时取得可观的经济效益，累计超过 1500 万。

上海教育电视台避开上视、东视抢热门的电视剧播出增收广告费，我们推出适合青少年健康有益的电视剧，1996 年用 52 万巨资购买 52 集动画片《狮子王》，交给广告部运作广告，全体同仁共同努力，不到两个月，为台收入 500 多万元广告费，1997 年精心策划选择精品老电视剧二轮重放，以 80 万元购买 165 集美国系列电视剧《成长的烦恼》，在播出前，做了大量的工作，邀请沪上各大媒体记者，到杨浦控江中学、徐汇向阳小学等中小学与师生们开座谈会，推介该剧，学生们热烈议论，并开出"成长热线"配合播出，播出后，收视率不断上升，片前特约播出开始只一二家老客户，到后来广告应接不暇，开创广告从未有的井字框，九家客户同时特约播出，广告收入达 1700 万，此剧隔年再播广告收入 1500 万，创出老剧再播广告收入奇迹般案例。

印迹

教育电视台逐年扩大经营，积累客户，把每一板块、每一时段、每一栏目都成为产生效益的阵地，因教育台经营特殊性，无法很快与 4A 广告公司对接，广告部建立目标每年 10 个 100 万广告投入，20 个 50 万投入的客户基地，培养好自己的客户资源。

从 1994 年进入广告领域到 2001 年主持上海教育电视台广告部经营工作，在台领导决策和全台各部门配合下，与广告部同仁共同奋战，面临重重困难，台广告收入每年以千万级阶梯递增，到 2001 年累计达 2.3 亿元，为投建上海教育电视台大厦建设贡献一份力量。

到 2001 年上海教育电视台还是一个不完整的频道（晚上 5 时 30 分前是上海电视大学教学时段），年广告费收入超 5000 万，它的经营已经排列在上海十二个电视频道中的第五位。

在市场经营中与无数客户的交往中，他们把我当作朋友，因为我背后是上海教育电视台，在教育背景下，他们把我当作老师，很多情况下不是在商言商，尽管收视率低，我们有特殊群体，与我们的合作广告的投入完全是对教育的支持，这就是一片"绿叶"的价值，是我们教育电视台 30 年茂盛发展的根本原因。

特以此文回顾庆贺！

胡功国
上海教育电视台原广告部主任

2023 年，本台记者赴成都报道第 31 届世界大学生夏季运动会，大屏小屏联动，融媒平台全面直击。

浦江波涛涌前浪 绿叶香飘入梦来
——我心中的上海教育电视台

　　30 年在人类的长河中是一个瞬间，但对于一家电视媒体来说则不能不说是一个较为漫长的过程。30 年来，上海教育电视台从一个全新的电视媒体的诞生，到她走过的发展历程，到她的日趋成熟。不久前王东雷打来电话，希望我们这些"老同志"能在教育台建台 30 周年纪念之际，为教育台的历史和发展说点什么、写点什么。作为教育台的一员，我经历了报道部的筹建和开播以及数次新闻采编工作，虽然都很平凡，但值此机会我还是想留下一些回忆，以完善和丰满绿叶台的历史点滴。

一、乘人事改革之东风 竞聘于上海教育台

　　1993 年 9 月 10 日教师节，沪上三家主要纸媒《解放日报》《文汇报》和《新民晚报》同时刊登出一条醒目的招聘信息：上海教育电视台即将开播，现面向全市公开招聘记者、编辑、编导。招聘信息的内容我还能清醒地记得：一、上海教育电视台是一

家省级专业电视台。二、上海教育电视台的办台理念为"贴近社会，贴近教育"，积极致力于传播教育、文化、科技、卫生等领域的专业内容。三、本着公开公平公正的招聘原则，通过考试后择优录取。四、欢迎本市热爱教育事业，热爱电视事业的各界人士报考。消息刊登后，在沪上的影响不小，一时间吸引了众多人士前往报名，其中有机关干部、应届高校毕业生、区县电视台和高校电教馆的专业人员以及企事业单位中的各类精英。当时我在宝山电视台工作，看到招聘后也为之心动，跃跃欲试，希望通过公开竞聘，考入省一级的专业电视台。可以说，教育台在全市全面地公开向全社会进行招聘，是上海市在人事制度改革方面的一个重大的尝试。教育台建台后的二三十年间虽然也有过大大小小的数次公开招聘，但像这种大规模的公开招聘恐怕是唯一的一次。

招聘分为笔试和面试。笔试的考点设在复兴中路 1464 号共青职校，记得当天在考试的校园里挂有"欢迎各界人士报考上海教育电视台"的横幅，考场内外秩序井然，感觉是一次小高考，所不同的是应聘者年纪的跨度更大一些。笔试的考卷出得别具一格，除了一些"大路货"的考题外，有两处我至今还念念不忘。第一处是分镜头脚本。考卷上给了一个简单的描述，说的是古时候有读书人把书搬到户外晒书的故事，要求根据所提供的内容，用影视作品的专用模式写出分镜头脚本。编写分镜头脚本无疑是为了突出影视专业的特性，对我来说不是难事，三下五除二便顺利完成。另一处是名词解释，一共出了四个名词，其中有一个非常冷僻，叫"刀马旦"。估计出题者是为了更全面地考察应试者知识的全面性。根据刀马旦的旦字，我本可蒙着写一个跟戏曲旦角相关的回答，但因为没有把握，最后一字未写，在这张考卷上开了一个唯一的天窗。

面试是在笔试后20天左右进行的，地点在四川中路220号，那里当时是市政府机关的大院。我报名参与竞聘的是教育台新闻记者岗位，岗位只有四名，而听说参与竞聘的人有五六百号，比例是100∶1。主持面试的考官（事后知道他是教育台筹备组成员闻鲁生）和善可亲，平易近人，一上来就让面试者的心情松弛下来。事先我准备了大量与教育和电视相关的内容，没想到都没有用上，既没有谈到教育，也不涉及电视，考官以独特的方式问我，你认为最具备上海地域文化的特征有哪些。我记得我说到了上海的"挤文化"现象，他对这个提法颇有兴趣，并表示今后有机会的话可以专门就此进行探讨。面试给人的经历非常愉快，与其说是参加面试，倒不如说更像是经历了一次小小的文化沙龙。

30年过去了，报考和竞聘教育台的过程至今历历在目，令人愉快和难忘。我想如果时光可以倒流，如果教育台还有这样的招聘，大部分竞聘者一定还会去参加，大家更喜爱的是这样的经历，更看重的可能也是这样的过程。

二、讨论教育新闻的定位 办好教育新闻的采编

1993 年 11 月，我和另外三位同仁唐洪平、杨蓉晖和陆仲阳一起被教育台录用，被安排在新闻采编部门。随着采编人员的陆续到来，组建教育台新闻采编部门，做好新闻采编部门的基础工作放在了首位。

为了有区别于包括上海电视台的新闻部的名称，我们的部门就叫报道部。新组建的报道部面临着三大任务：一是定制出《教育新闻》的采编制式，即哪些内容属于《教育新闻》采编的范畴，《教育新闻》的新闻采编定位；二是尽快建立教育台新闻模式框架，建立新闻采编的网络，包括记者的条线分工，与各高校、各区县教育主管部门的联系，通联队伍的建立等等；三是确保"二二六"正式开播（市政府对教育台定出的正式开播时间是 1994 年 2 月 26 日），尽快做出《教育新闻》的样片，确定采编模式。当时报道部的人员加在一起不足十人，大家戏称自己的队伍才开张，拢共是八九个人，两三杆枪（摄像机）。

按照台领导的要求和报道部的采编播实际情况，最终确定1994 年 2 月 28 日教育台开播次日为《教育新闻》的首播，《教育新闻》播出时段为 18 点 30 分，每次播出时长为 10 分钟，每周一三五首播，二四六重播，周日《每周教育新闻集锦》。《教

印迹

育新闻》的编排形式为线状，根据采编的内容按照重要程度顺序逐一播报。照平均每条新闻一分钟左右的长度，加上口播新闻，每天新闻播出量在六到七条，这在当时对我们来说已经是一个非常大的工作量了。

这里顺便展开谈一谈我对于《教育新闻》定位的认识，可以说这也是一个贯穿于办台过程的话题。报道部成立之初，在讨论《教育新闻》定位时，曾有多方面的设想和意见。一种意见认为，既然我们是一家省级台，应该走"新闻立台"的路，我们的《教育新闻》应该跟当时的上视和东视新闻一拼，以争得沪上电视新闻的"三分天下"。如果采用这种方式，投入将是巨大的，人力物力绝非当时的那个配置，报道部的采编人员最起码要翻好几番，增加十数倍的采编力量。另一种意见认为，我们没有能力也没有必要去与上视东视的新闻打阵地战，相反，应该利用我们小台的小而精去打游击战，做"教育中的社会问题"和"社会中的教育问题"。如果当时能按照后面这个思路来做的话，《教育新闻》兴许真的可以打出属于自己的一片天下。在后来报道部的新闻采编中，我们也尝试过在动态新闻之后安排一档有一定社会性的深度报道节目。只是最终由于种种原因，《教育新闻》还是停留在了一般层面上教育方面的新闻采编，因此节目收视情况始终不能令人满意（据央视索福瑞和尼尔森收视率调查，《教育新闻》收视率不到0.1%）。

三、当特派记者赴京 独家采访市委领导

1994 年 6 月，全国教育工作会议在京召开，这是一个高规格的国家级教育工作会议。出于对新闻的敏感，我们提出特派记者前往采访。这个想法得到了台领导的支持，决定派时任报道部主任的希建华与我作为特派记者前往北京。当时的条件不可能让我们携带任何采访设备，也没有任何现代化通信设施，一切都靠我们自己去争取。到达北京后我们先联系了中国教育台新闻中心，以取得他们的支持，掌握了会议的议程。不过他们明确表示，他们自身的力量有限，在采编方面没有力量再帮助我们。还好我们在北京电视台找到熟人，在那里租借到一套 Betacam 摄录设备，并且也租用到了北京电视台的编辑机房。

第二天，我们跟上海驻京办事处联系，获悉时任上海市委副书记、市长黄菊将参加会议并于当天下午抵达首都机场，于是当即决定把采访黄菊市长作为我们从北京发回的第一条新闻。在征得上海驻京办同意后，我们早早地赶到了首都机场航站楼，从贵宾通道守候在航站楼下飞机的出口处。我们设计了一下，黄菊市长下飞机后要上电动步道，这一截大约需要走 5 分钟，于是决定抓住这 5 分钟的黄金时间采访黄菊市长。

下午一点多钟，黄菊市长下飞机刚踏上步道，我们俩便迅速迎了上去，我手持刻有绿叶台标的采访话筒冲在了前面，希建华扛着摄像机随后。黄菊市长对我们的采访并不觉得突然，

他知道了我们是专程来北京采访全国教育工作会议时，很愉快
地接受了我们的采访。他告诉我们，此次来京一是来听取国
务院领导对全国教育工作的总体设想和安排，二是来学习全
国各省市在教育方面的经验。在预定的 5 分钟时间里，我们
完美地实现了对市领导的这次独家采访。结束采访后，我们
赶到北京电视台机房，迅速地进行了编辑合成，拿着编辑合
成好的磁带，叫了出租车直奔东航首都机场办事处。因为事
先有过联系，东航办事处立即安排在下一个航班将磁带带回
上海。当天下午守候在虹桥机场的编务徐忠发顺利地拿到了
磁带，他按照计划把磁带送到了位于南京西路上海电视台内
的广电播出中心。

当时《教育新闻》的播出都是由我们制作完毕，然后把磁
带送往播出中心播出。教育台每天的新闻节目制作完毕后，都
必须通过专人把磁带送到播出中心，这在当时称为"跑片"。此
次编务拿到东航带回上海的两盘播出磁带就直奔南京西路，一
盘直接送播出中心播出，另一盘则送到了上海电视台新闻部，
作为兄弟电视台采编的新闻节目供他们选用。特派记者赴京的
第一个硬仗打胜了，那天晚上上海的同事电话告知，当晚 6 点
30 分，"市委副书记、市长黄菊抵京参加全国教育工作会议"
的新闻，在教育台 26 频道和上海电视台 8 频道中作为头条新
闻同时播出。获悉这一消息后，我们俩兴奋了好长时间后突然

觉得饥肠辘辘，原来我们忙得中饭和晚饭都忘记吃了，就在下榻的北京北太平庄远望楼宾馆附近找了一家小饭店，记得那天晚上我们俩都喝酒了。事后，上视新闻中心一位负责同志跟我说，在上视新闻的头条播报中，播出由教育台记者采编的新闻是破天荒的事情，以前从未有过，以后可能也不会再有，这个可以纳入吉尼斯纪录了。

这里再提及一下，限于当时的条件，教育台制作的所有节目都是通过以磁带转送的方式送到广电播出中心播出。节目部制作的节目一周送一次，《教育新闻》节目则是当天送达。由于制作与播出之间这个时差，需要通过"跑片"来解决，且常年不断，风雨无阻，每两天一次（后改为每天一次）从教育台所在的虹口将磁带送到南京西路，给我们带来的困难和压力非常大。好几次由于截稿时间太晚或由于制作合成被耽误，为保证不开天窗（节目不能准时播出），我们都不得不动用教视采访车，亮着警灯，拉着警笛把磁带送到播出中心，这个局面一直持续到1995年年底，教育台实行"自主播出"后才得以改变。

四、东方箱包厂记者被困 央视焦点访谈前来助阵

在新闻采编的生涯中，报道部有过一次对东方箱包厂的采访事件颇为难忘。1995年年底某天的中午，报道部接到群众举

报，反映他们的子女在某职校读书，被学校安排去了东方箱包厂实习。这家企业把学生当作正式工人使用，一人顶一个岗，每天工作八小时，还要上早中班，不仅严重地违反了市教育局的规定，同时也对孩子的身心健康带来了伤害。

接举报后，记者唐洪平、杨臻、叶滔三人立即赶去位于广中路的东方箱包厂。他们下午两三点钟出发，到了晚上六七点仍迟迟未归。那时没有手机，我们也不知发生了什么情况，只能坐在办公室等待他们的消息。晚上八点多，唐洪平打来电话通报了情况。他们到箱包厂采访时，厂方矢口予以否认，并阻止记者到车间现场实地拍摄。记者们据理力争进入了车间拍摄，随后即被扣押，厂方关掉工厂大门，说不交出磁带不放人走。接到电话后我向台领导做了汇报，又带着另一路记者立即赶往了东方箱包厂。

在箱包厂的大门外，老远就看到一些人在大门内推推搡搡，老唐他们几次要出来都被众多的安保给挡在了里面。隔着网状的移动门，我们的记者已经十分疲惫，晚上气温低，还刮着北风，他们已经很久没有吃东西也没有喝过水了，几个人不停地在寒风里抽着鼻涕。我们立即打开摄像机，记录着眼前发生的这一切。厂方坚持说不交出磁带不放人，我们坚持说必须尽快放人，还记者的人身自由，最终在我们的坚持下，厂方也不得不把记者们放了出来。

回到台里当天晚上我们连夜开会，大家一致认为箱包厂采访事件已经从一个单纯的维权新闻曝光，上升为一个更大的新闻题材，即记者的采访和人身自由受不受法律保护的问题。我们觉得如果能得到其他媒体的重视和援助将有利于问题的解决。第二天一早我们就给中央电视台《焦点访谈》节目打电话提供新闻线索，诉说了事件的来龙去脉，希望能得到央视的重视，我还告知我们拍了不少学生加班劳动和记者采访受阻被困的录像。很快央视新闻制片人再次询问核实了情况后，并通知我们《焦点访谈》栏目将于当天派记者来上海采访调查此事。

　　《焦点访谈》一位张姓女记者飞抵上海，先对我台的记者进行了采访，后又去了东方箱包厂。央视记者一个人，由我当摄像跟拍全程，当然我是匿了名并且把摄像机上的绿叶标志给隐去了。几天后央视《焦点访谈》便播出了一档关于上海教育台记者在采访中受阻被困的节目，虽然所持观点比较客观中立，但是立足点还是放在了新闻记者采访时的人身自由是否应得以保护的这个焦点之上。

　　事过近30年了，央视专程派记者来上海进行采访，《焦点访谈》记者采访的风格和技巧，至今还深深地印在我的脑海之中。批评东方箱包厂违规用工的新闻在我台《教育新闻》中播出后，也受到社会的好评，不少观众打来电话对此表示了支持，对我们的鼓舞也很大。这也从一个侧面印证了"贴近社会""贴

印迹

近教育"办台一定会受到社会的承认和观众的首肯。

附：七律一首

上海教育电视台 30 周年纪念有感

过隙白驹三十载，依稀往事竟为该。

峥嵘岁月心相聚，荏苒时光终不哀。

播撒青春百年业，参天大树众生栽。

浦江波涛涌前浪，绿叶香飘入梦来。

秦晋

上海教育电视台原报道部主任

绿叶台教会我的

冰心老人曾这样饱含深情地说："成功的花儿，人们只惊慕她现时的明艳！然而当初的芽儿，浸透了奋斗的泪泉，洒遍了牺牲的血雨。"

从 31 岁到 41 岁，我与绿叶台有着十年黄金般的缘分。是的，每一段缘分中，都有潮起潮落的平仄；每一个故事中，都有风起涟漪的韵脚。我为曾经给这片"嫩绿的芽儿"滴灌过青春的汗水而骄傲。其实，绿叶台教会我的更多更多。

好新闻一定是"沾泥土"的，这是绿叶台教会我的。记得开台后不久，上海的纸质媒体都在讨论如何减轻学生负担问题。作为一家教育专业电视台，如何独树一帜地运用"镜头语言"来表达？经过精心策划，我们以《小二郎为何要背着水壶上学堂》为题连续报道。从现状呈现小学生背着水壶上学堂成了"标配"，到抽丝剥茧的原因分析：一是不少学校原有的食堂没有了，中午采取社会化供应营养午餐的方式；二是即使有食堂的学校，也因水电煤开销过大而取消向师生供应开水；再到专家采访，请时任新华医院副院长的洪昭毅解读，小学生一天在校须补充 500 克以上的水，才能排除体内垃圾、恢复精神；最后到政府职能部门的表态，采访时任市教育局体卫处处长周国耀：要求每所学校的每层教学楼面要放一只保温桶供应开水，同时每年的 5 月、6 月和 9 月、10 月向学生供应沙滤水。

为学生说话，让全社会都来呵护青少年的健康成长，这是绿叶台记者的初心所系，教育记者的价值就在于推动教育的改革发展和社会进步，这篇连续报道也因此荣获第四届上海新闻奖二等奖。

好新闻一定是"带露珠"的，这是绿叶台教会我的。1985 年，国家教委、国家民委、国家体委和卫生部曾对 28 个省市自治区的近百万名学生的身体素质作了大样本调查。结果表明，上海地区 7 至 18 岁的中小学生的身高，与 30 年前的同龄人相比，普遍增加了 3 至 4 厘米。1991 年，上海地区的调查数据再次表明，男女学生身高比 1985 年的数据又分别提高了 1.8 厘米和 1.15 厘米。随着社会的发展进步，中小学生越长越高已是不争的事实。而与学生朝夕相处的课桌椅的标准还停留在 70 年代的标准，出现了 20 世纪 90 年代的学生仍旧坐 70 年代课桌椅的局面。为此，我们以《九十年代的学生坐七十年代的课桌椅》为题跟踪报道。先是从原上海教育技术装备部主任忻国强向记者展示由国家教委监制的全国中小学生课桌椅的标准图示切入，接着由忻主任接受采访：中小学生课桌椅的标准由国家统一制定，地方政府不能自行更改。跟踪报道从学校使用现状、学生个体差异、造成的危害、功能的开发、专家的呼吁、政府的表态等层层剖析叙事，最终在杨浦区找到一家能生产可升降调节的课桌椅才告一段落。

说学生的话，为青少年的健康成长代言，这是绿叶台记者的职责所在，充分体现了教育记者既是教育发展的记录者，也是教育改革的推动者，这篇跟踪报道也因此荣获第五届上海新闻奖二等奖。

好新闻一定是"冒热气"的，这是绿叶台教会我的。1996年12月5日下午，正在新闻值班的我接到一个直线电话。一位崇明的哥述说他妹妹所在的崇明县城东职业技术学校三年级的25名职校生，从9月17日起在东方箱包集团有限公司实习，厂方以生产任务重为由，经常延长职校实习生的劳动时间，甚至安排他们夜班劳动。学生提出要回崇明家里取冬衣，也被厂方拒绝。很显然，厂方延长职校生和安排夜班劳动违反了市教委和市劳动局《关于加强职校学生实习期间的组织与劳动保护工作的意见》之第八条规定：学生生产实习的劳动时间，每日不能超过8小时，每周不能超过40小时，实习单位不得安排学生延长工作时间和夜班劳动。

面对侵犯未成年人合法权益的客观事实，作为承担社会舆论监督职责的新闻单位，我们在征询市教委职教处、市青少年保护办公室和虹口区劳动局领导的意见后，迅速赶到现场拍摄采访。采访期间遭到厂方部分法制意识淡薄的员工的无理阻扰，上演了一场非法扣人、扣车、扣证的"闹剧"。职校生的合法权益遭到侵犯、记者正当的采访活动受到阻拦，这是一起典型的"双料新闻"。面对"留下录像带才能走人"的恫吓，我和杨榛、叶滔、陆红飚等与厂方据理力争，先后致电东方电视台和拨打"110"报警电话，东视记者和警方旋即赶到。经向我们和厂方详细了解情况后，警方认为，教育台记者对职校生采访是正当的、合法的，而厂方扣人、扣车、扣证是非法的，必须立即交还记者证，打开厂门让教视记者回去。在警方的数度调解下，一位厂领导向我们赔礼道歉，表示要对员工加强法制教育，避免类似事件再度发生，这场"闹剧"才得以平息。事发第二天，我们以"职校生是廉价劳动力吗？"为题进行深度报道，连续一星期穷追不舍，直到职校生安全回到学校，劳动监察部门对厂方作出严肃处理，厂领导到绿叶台再次道歉为止。

让学生说话，为他们的健康成长保驾护航，守望社会的公平正义，这是绿叶台记者的使命使然。

时序的年轮上，始终刻画着创业者的踏痕；历史的坐标中，始终定格着奋进者的身姿。其实，绿叶台教会我的还有很多，比如，一名优秀的教育新闻工作者必须胸怀"国之大者"、融入"城之要者"、回应"民之盼者",用心记录上海教育改革的发展历程,用情展现教育工作者的奋斗风貌,用力抒写新时代的精品华章。再比如,要努力寻找"教育中的社会问题和社会中的教育问题",以人品立德、以作品立言、以台品立功。还比如,真正的强者不是打趴下多少人,而是扶起了多少人。我深信,这一切都将成为全体绿叶人的"集体人格",都会融进每个"绿叶人"的生命底色。

每一片不曾起舞的绿叶,都是对生命的辜负!

唐洪平
上海教育电视台原新闻部主任

印迹

绿叶三十年 与时代同行

　　我叫叶一滔，当年在教育台做新闻主播的时候，叫叶滔。记得 1993 年 10 月上海教育台尚未成立的时候，向全国招募主持人，我是那个时候有幸考入教育台的，至今已经度过了 30 个年头了。我在教育台工作了七年，从 1993 年到 2000 年春，之后我移民到加拿大的温哥华。目前在加拿大最大的全国中文电视台，新时代电视和城市电视担任新闻总监和主持人至今。在加拿大的 23 年采访过加拿大多位重量级政客，包括历任总理和数位部长和历任 BC 省长。所带领的新闻和公共事务部，两次获得加拿大族裔媒体协会的电视类最佳新闻报道大奖，六次获得 BC 省主流新闻报道大奖 Jack Webster。2014 年将自己的移民经历撰写成书—《乐活温哥华》—记录了移民十四年的点点滴滴。

　　那天老同事王东雷给我微信，希望我写点什么，很多往事从记忆中被唤醒，除了那些宏大的文艺节目，激动人心的开台时刻，很多生活的小细节反而更加令人怀念……比如，当时从台里开到外滩和市中心的班车，一辆面包车，坐满工作一天放下压力的同事，内心怀着奔向温暖小家的冲动。在车上欢笑地聊着见闻和工作中的趣事，那一刻的画面似乎长久地留在记忆中。绿叶人在属于自己的轨迹上，兢兢业业、平平淡淡地各尽其责。

说起这次的题目，似乎也是我人生的侧影。因为在我人生经历中，服役时间最长的两个电视台，一个就是服役了七年的上海教育台也叫绿叶台，另一个就是我现在服役的新时代电视台，在新时代工作了整整 23 年。而今年新时代电视台也正好迈入 30 岁生日。竟然发现我服役过的两个电视台竟然是"同龄台"，携手迈入 30 年大庆的轨道，是巧合，也是命运。试问人生能有多少个 30 年呢？

感慨，感触，感恩……
绿叶台的友情和美好

我一直觉得上海教育台是我在上海的第一个家，因为当年考到上海时，我只有 24 岁，一个人地生疏的外地小伙子，最早认识的都是台里的同事，也是我认识的第一批上海人。被分配在宿舍的时候，老同事王德明成为我的室友，他的老成持重和我的年轻气盛形成鲜明的对比，老同事善于解决疑难杂症。从台里的工作到市内的出行帮助良多。那时候我的邻居也大都是来自外地的主持人，包括周荃、胡杨和张彤等。现在回想也算人才济济，虽然经常是生活上的鸡毛蒜皮，但也充满了同事间的相互关心和理解。

想起筹备期间，遇到大节目，经常有在台里留宿的日子，新闻部的杨榛、目前在芝加哥的杨蓉晖都是我们一起玩耍的小伙伴，同吃同住，交流心得，笑语连连，仿佛又回到当年的大学校园。当时的台里，其实只是电大几层不大的办公室。同事之间只需要大声呼喊，几乎每个房间的同事都可以听到，宛如宿舍之外的第二个宿舍。虽然毫无秘密和隐私，但也充满好友之间的照顾和关怀，谁有个头疼脑热，立刻有人会送上手边的退烧药、好吃的小点心和关心的嘘寒问暖。几乎所有人只有一个目标，就是把一个叫作上海教育台的新星，推到上海千家万户的屏幕上。那种特别的团队凝聚力，至今回想也是一种相当可贵的动力。也正是因为那种动力，使得绿叶台可以走过30载的春秋冬夏。多年之后，我见到在英国伦敦当年负责录音的柳菁，她现在已经是一间跨国公司的主管，但谈起教育台，依然忍俊不禁，笑语连珠，友情和美好的回忆……

上海话教会了我

1993年来上海，沟通中最大的障碍，就是上海的方言。虽然当时的女友也是正宗上海人，但她和我是传媒大学的同学，普通话证书也属于一级，间接导致我的上海话，如果只是在家里，就毫无进步。刚到上海时，我看来是个典型的外地人，宽宽大大，透着稚气，和人交流一问三不知！一次去小卖部买东西，那位店员爷叔，语重心长地对我说："小伙子，如果你想在上海长住的话，一定需要学会上海话。"再说一件往事，当年我刚到上海时，在我对上海话毫不了解的时候，看到我现在的太太和她妈聊天时，远远听来由于频率高，声调高，对于我这样的北方人来说，无疑是在打架，马上冲到跟前，细心观察她们的表情，结果看到大家都谈笑风生，竟然在聊一件愉快和有趣的家事。当时觉得这种一切都在状况外的感觉太差了……于是下定决心好好学习上海话。

相信对于今日，外地人才不断流入大上海，上海方言已经没有以前那么普及了。但我们那个年代，还是需要十分认真对待的。于是我开始和教育台的同事，和日常的采访对象学习上海话。记得当年教育台的很多同事，从张德明台长到下面的很多同事如秦晋、唐洪平、胡功国，他们大多来自大学校园或者教育机构，普通话已经顶呱呱了，办公室迎面碰到，对我的自然反应是说普通话。坦白说这些同事对我学习上海话几乎毫无帮助。而真的让我上海话有长足进步的，反而是那些平时很少说普通话的同事，比如新闻部的陆红飚、节目部的陈耀国等几位地道上海人，他们无论看到谁都说上海话，不分彼此，反而

印迹

让我们这些外地人在懵懂和挫折中不断进步，让上海话的水平一日千里。记得千禧年，当我即将移民加拿大的时候，有一天我从浦西打车回浦东，开车师傅是正宗上海人，我们一路上用上海话聊天，这时忽然有位台里的国语同事打电话给我，我改口说了几句普通话，电话挂断，开车师傅诧异地看着我说："师傅侬普通话讲得老好啊。"我当时多少有点哭笑不得，但也觉得一阵窃喜，看来我的上海话已经可以乱真了，从另一方面证明我真的融入了上海这个社会。

上海的经历，让我得出自己的叶氏理论：人为何要不断学习方言，哪怕曾经被人取笑，一定要脸皮厚，鼓起勇气坚持不懈，因为全世界大部分人都是依靠母语思考的，学会了对方的家乡话，你就会理解这个地方的纯正文化，思维方式和思考逻辑，也可以更多地理解他们在说这句话时的真正含义。获益良多，少走弯路。长此以往，才能更全面、更深入地理解什么才是海纳百川的海派文化，什么人才能叫作老克勒，哪种上海话水平可以评为洋泾浜。也能体会到上海人在和你聊天时，他们语言背后蕴含的真正含义。

这些经验在我 2000 年移民时，成为我最重要的人生经验之一，受益良多。因为你再次来到一个陌生的环境，听着异国的语言，如何能够真正了解他们的想法？学会他们的语言，无疑是第一步。从一方面体会到如何才能与时俱进和时代同行。

时至今日，我用英文和主流社会、各级政府机构打交道做访问。用粤语也就是广东话在公司内和同事交谈，那段适应的经历和我刚到上海的时候同出一辙。一个国语人到了一个以香港人为大多数的电视台，从工作会议到日常办公，好友相聚，广东话无所不在，你的老板、同事和下属都操着纯正的广东话。如果不发挥当年体会到海派文化的兼收并蓄，如何能在一个多元族裔的国家找到属于自己的一席之地？

我曾经认识一位加拿大的前外交官，通晓九种语言，除了和英语相近的法语、德语之外，文化差异极大的中文、日语、韩语也朗朗上口，甚至可以说流利广东话。他平均学习一种语言只需要半年时间，其方法就是在学习新语言时，听说读写，都用这种语言，看来在学习语言中，环境是第一位的，回想我在上海教育台的经历，有幸在我 24 岁那年，走入和见证了崭新的上海教育台，生活在一群充满关爱、有着浓厚乡音的上海方言环境中，经历了人生中年轻的七个春夏秋冬。这些经历无疑是我人生中最宝贵的记忆和难得的经验。过了这么多年，每次说起上海话我偶尔也会想，这句话当年是和教育台的哪一位同事教给我的呢？！

席慕蓉曾经说过，青春的美丽与珍贵，就在于它的无邪与无瑕，在于它的可遇而不可求，在于它的永不重回。细想这宝贵的 30 年，从绿叶台到枫叶国，从青春走入成年，久久难忘

印迹

的印记，可遇而不可求永不重回的美好经历。对很多人来说，24 岁是职业生涯的开始。在这个阶段，人们可能会经历不同的工作岗位，积累经验并找到自己更适合的领域。绿叶台的七年，正好给了我采编播一体的锻炼，让我确定了自己的人生方向。

　　千禧年，当我来到加拿大，发现雇主最看重的往往不是大学的学历，而是超过一年完整的工作经历。如果有七年经验，说明你和前雇主相处融洽，证明你的忠实肯干，这当中的软实力和说服力可想而知。使得刚到新时代的我，快速重操旧业，开始采编摄一体，用最短的时间，完成从助理编辑到记者的蜕变。生活像彩色的画板，充满了各种颜色和可能性，教育台无疑是代表成长的绿色，而我现在的新时代电视，则是代表花开的紫色。绿叶教会我待人接物，与人相处，感恩教育台的包容，和不拘一格选人才，让我们这些当年的种子萌发绿叶，到世界任何角落绚丽绽放、开花结果 ⋯⋯

叶滔
上海教育电视台原主持人

怀揣绿叶梦想的日子

我读中学的时候，上海电视台开办全国第一个中学生自制节目《你我中学生》。新民晚报招聘广告出来，10 个主持人外各区县各取一名小记者。那时我 14 岁，住宿在七宝中学，除了周末，出校门是要出门证的，我扛不住诱惑，悄摸溜出去参加了考试，居然被录取了。于是开始了一段电视缘，没拍过很多节目，但长了见识。 研究生毕业前半年我开始找工作，《新民晚报》又很配合地贴出教育电视台的招聘启事。好像老天安排好的机遇，考题问到巴以和谈的领导人见面会场的机位怎么放。那个年代，不是科班出身，能知道机位怎么放的应届生没有几个，我很幸运，做中学生节目时学到的两把刷子用到了，提前半年毕业，成了教视的第一批记者。没有受过正式培训，没有经验，就凭了一股热情，四路记者开启了教育新闻的采播。现在回头想，那是碰到了整个大上海插翅腾飞的一刻，慷慨地交给了我们这代人一个大平台，真是对我们太好了。

我在新闻部跑高教、卫生条线。最初的要求就是不开天窗，

印迹

于是，每天采访车黄灯一拉赶好几个场子，兴致勃勃地做着这个城市教育卫生工作发展的见证人。1995 年国务院启动 211 工程，推动建设面向 21 世纪的高等院校。各个大学摩拳擦掌，积极准备。我在很多学校的宣传准备活动中都能碰到分管高教的副市长徐匡迪，每次他都非常认真地听取学校的汇报，给意见、做指导。有一次在上海大学，申请工作会议结束后，我没跟秘书打招呼，直接拿了话筒采访徐市长："您知道上海第一批也就一两个学校会入选，为什么您在每个学校的申请会议上都那么投入呢？"徐市长一边整理公务包，一边回答说，"你看足球比赛吗？每场比赛只有个别球员可以进球，但是如果不是每个队员都跑起来，这个团队就不可能进球。我们搞 211 也不是为了只给几个能进球的队员加油，是要全面提高整个上海高等教育的水准，我们要让每个队员都跑起来，当然为每个队员加油。"记者采访，有的时候很头疼怎么把回答剪辑到位，那天我在采访车上用 BP 机发短信给责任编辑，说：给徐市长留 30 秒，不用剪辑。脑子煞清，表达高妙。一个城市的教育被有远见卓识的人带领着向前发展，今天的成果不是拼凑剪辑出来的。

教育新闻开播后，跟各个学校的宣传部建了联络网。每天拍摄会议，活动，合作，捐赠，剪彩的邀请源源不断。教视人少，大家都连轴转。晚上节目播出时，同一个记者的名字会出现在很多条新闻上。因此，我的外婆在吃晚饭的时候养成了在电视上数我名字的习惯。教视在上海的东北角，我家住西南角。每天收工回家，即便有幸赶上班车，到家也早过饭点了。遇上我高产的日子，老太太一见我进家门就会翘大拇指说：今天六个！我冲她咧嘴笑笑，很高兴我可以让她感到骄傲。然而那时候更撞击我们内心的，是央视改版推出的《东方时空》《焦点访谈》，想着怎样把触角探到学校、社会和学生的深层，让镜头直面社会和教育转型中碰到的问题。讨论后新闻部决定要在采播条块新闻的同时搞一档《深度报道》节目，我也把工作重心转移到了这个节目上。

我家离单位远，每天天不亮便要出门赶公交。很快我便发现身边竟然挤满了背着书包、睡眼惺忪的中小学生，一问才知道这些都是从卢湾区搬到梅陇、莘庄、颛桥地区拆迁户的小孩。南北高架要通，内环线进程不能缓，但是孩子的身心健康也一样需要受到关注。于是我们花了几天几夜跟拍那些身披星星，头顶月亮上学的学生的生活。走访学校、拆迁办、教育局、开发商，了解问题的渊源，寻求解决的办法，代表孩子们发出了"高楼林立，课堂安在"的质疑。节目播出后，观众反响强烈，提出的问题也受到了有关部门的重视。如何保障拆迁户孩子的教育质量，身心健康，推进配套工程的建设，一度成为了讨论的热点。《深度报道》打响了第一炮。

之后的日子里，我们报道过学生营养午餐供应问题、残疾

儿童入学保障问题、企业排放污水污染学校环境问题、少年犯的探访问题。单位办公桌上请柬少了，观众来信多了。我的外婆还是天天看教育新闻，有时几天也数不到一个名字，但是她依然给我翘大拇指。她说，名字少了，提问多了，内容更有意思了，我很欢喜看的。这算是对我的最高褒奖。

1996年，我离开了教视，内心各种不舍。30年职场，回头看，教育台初创时的这段小米加步枪的日子，吃盒饭打地铺怀揣绿叶梦想，活泼生动勇敢有爱有追求，才是最美好、最难忘的。

杨蓉晖

上海教育电视台原报道部记者

2023 年，本台主办首届上海市学生草地音乐节，助力"城市美育"，实施面向人
人的艺术教育。

印迹

大联合、大协作、小台抱团力量大

2024 年的 2 月 27 是上海教育电视台开播 30 周年暨成立 30 周年的喜庆日子。从建台之初就与教育台一路风雨同舟共同成长，2016 年退休，作为教育电视台的一位老员工、老绿叶人（上海电视观众把教育台亲切地称为绿叶台，因为教育台的台标像一片绿叶）倍感光荣。

30 年前的今天，教育台就像一个初生的婴儿，如今已是三十而立之年，成为了一个英气勃发的青年。今年在上海教育电视台三十华诞之际，在上海教育电视台同仁共襄盛举之时，回顾教育台过往的成长历史，许多的人和事犹如在今天，还清晰地历历在目，故在此撰写小文一篇与大家分享，以鉴往知来。

一、探寻科教类纪录片制播分离新路

时光回溯到 21 世纪初，在中国电视节目生产领域，提出制播出分离这一命题已有经年了，也做出了不少有益的尝试。但是真正让大家有了明确的方向感和可操作性，还是党的十八届三中全会审议通过的《中共中央关于全面深化改革若干重大问题的决定》中的一段话："在坚持出版权、播出权特许经营前提下，允许制作和出版、制作和播出分开。"在如此高规格的纲领性文件中出现这样一段立意深刻、指向性明确的语段在历史上是少有的。这说明中国文化事业改革已经将制播分开纳入了未来改革的可操作性轨道。

在中国电视节目中，当时科教类纪录片的制播分离尝试是开展得比较早的一个领域，这是由科教类纪录片的制作性质所决定的。

上海教育电视台自2006年尝试性地跨出了科教类纪录片制播分离的第一步后，一发不可收拾，至2016年已经走过了近10年的历程。在这方面有教训、有苦乐，也尝到了一些甜头。算是为全国教育系统的电视同行做了抛砖引玉的开路工作。

制作科教类的电视纪录片，是上海教育电视台决策层的一项重大战略决策，这是因为教育电视台担负着传授科学知识、提高公众科学素养的重任。而我国自制原创科普类节目少之又少，远远不能满足社会受众日益高涨的对科学知识学习的需求。

如何让教育电视更好地发挥其科学、教育的传播功能，做出影响、创出品牌的科教类纪录片？早在2006年前，有眼光、有胆识的众多教育电视台台长们就已经思考到这些问题。

在这样的大背景下，2005年底，上海教育电视台和上海教

印迹

育音像出版社共同投资近千万元，在中国教育电视协会的大力支持下，联合全国同行组建"全国教育电视节目制作联合体"这一节目制作机构（简称联合体），办公室设在上海教育电视台内，统一指导和协调全国参与制作的成员单位共同打造千集具有中国特色的、自制原创的品牌大型科教类纪录片《身边的奥秘》。

开创了我国教育电视系统节目制作"制播分离"体制的新模式，形成了一条【组织投资方】—【制作单位】—【审片机构】—【播出机构】—【产品终端出版社出版发行】的产业链。为电视台这一播出机构提供了质量上乘、内容丰富的节目产品，同时也为出版社的产品开发和出版发行提供了终端产品节目源。

大家知道，科教类纪录片的拍摄往往制作成本高，周期长。特别是这类千集大型项目，单靠一家教育电视台的力量在短期内是很难完成的。上海教育电视台创新体制，通过"联合体"这一组织形式，并根据"联合体章程"中规定的"自愿参加""联合制作""利益共享"的宗旨，有组织、有计划、有目标地实施节目拍摄、制作、播出、出版。在这一条龙生产线的产业链上参与制作的各方职责分明。

组织投资方，一方面负责前期选题项目论证策划、筹集资金，组建由资深台长和科普专家组成的《身边的奥秘》总编导组，制订"制片要求"和出版发行方案，另一方面规划选题分类负责选题遴选、节目文稿审定、样片审核及组织主创人员人员培训、拍摄指导等工作；依托"全国教育电视节目制作联合体"分布在全国各地的制作单位和主创人员进行创作拍摄；出版社组建由社长总编挂帅的编辑发行组，周密安排节目的出版发行和宣传等事宜。

节目制作成员单位，从当时的二十几家、主创人员八九十人发展到当时最多的六十多家、主创人员三百多名；参与制作的单位有来自全国省级教育电视台、电教馆、部分省市级的综合电视台，还有来自港澳台的社会制作公司，以及国内的社会制作公司，另外还有全国部分高校。形成了一个全国范围的节目制作的大平台，实现了全国范围的大联合、大协作，走出了一条"又好又快""小台抱团力量大、创品牌"的科教类纪录片生产之路。

记得在十多年前，当时本人作为"联合体"办公室负责人及节目统筹、总编导组的总编导之一，参与了项目的策划、组织实施节目拍摄制作、到节目最后的审定完成的全过程，直到退休。

经统计，从 2006 ～ 2010 年，在不到 5 年的时间里，"联合体"这个大家庭的团队通过不懈努力，共完成拍摄制作系列科普类纪录片《身边的奥秘》近千集，并且还完成了出版发行。

二、在教育电视系统首开拍摄大型（高清）人文系列纪录片先河

纪录片的历史已经走过了一百多年，21 世纪初中国的电视领域正处在新旧交替的后数字化时代,纪录片工作者须了解和学会数字化生存之道,迎接悄然而来的技术革命。

2010 年底"联合体"在完成千集系列科普类节目《身边的奥秘》的基础上,为跟上高清电视数字化发展的时代步伐,满足观众对高清电视画质的需求。"联合体"总编导组于 2011 年开始大胆策划采用高清设备拍摄制作大型(高清)人文系列纪录片的创意,并在"联合体"分布在全国的 60 多家成员单位中,挑选了有能力的 21 家单位组成主创团队实施拍摄制作,内容涵盖自然地理、建筑工程、历史人文、文化艺术等共 4 个大类,片名经多方认证研讨最终定名为《中国之最》,每集 15 分钟,规模 130 集左右,从 2011 年开始的高清格式标准的制定,到样片试制,历经 4 年时间,到 2015 年完成拍摄制作大型(高清)人文系列纪录片《中国之最》一百四十多集。当时主创团队大多没有广播级高清设备,多以租借设备进行拍摄制作节目,而在当下的今天,科教影视纪录片已进入了"人人拍、分分钟拍",立体影视和 4K 视频甚至 8K 视频的新时代,像当时那样的高速度、高效率在 17 年前是想都不敢想的,今天只要你拿起手机点击腾讯视频 APP 或今日头条,搜索纪录片《中国之最》就能观赏到百集高清精选节目。

今天回想总结我们有益尝试和具体操作是:

(1)制定一个联合行动纲领"全国教育电视节目制作联合

体章程"，统一思想、使各参与制作的成员单位达成统一的共识。用一个节目制作标准来统一和规范节目制作的风格和各项技术指标，以符合电视台播出、出版社出版发行的要求。

（2）聘请全国著名专家学者担任顾问，组成顾问团，并聘请教育部基础教育司司长担任总监制和总策划使其更具权威性、示范性。

（3）选题由各制作单位自行策划申报，由总编导组审定列入制作计划。分期组织各地教育界人士和科普、历史文化等相关专家参与选题征集会，极大地丰富整个系列的选题内容。

（4）为提高工作效率，建立联合体网站（www.etv-u.cn），和编制每月一期联合体简报，利用网络平台、简报的形式及时发布各阶段工作要求和审稿、审片意见。

（5）采取激励机制优胜劣汰，项目办公室和总编导组对节目终审进行把关，对文稿三审未通过的终止制作，节目送审经修改还未达到制片要求的做作废处理；对合格通过的节目将按制片要求和协议约定支付给制作单位制作费。同时为鼓励制作单位做好片、多做片，办公室和总编导组对每月送审的节目进行一次内部月评，分优秀奖和提名奖给予不同金额的制作费奖励。经统计，该项目节目优良率达70%，节目报废率为3%，节目获奖率为10%。

（6）针对"联合体"制作单位分布面广、人员多、主创人

印迹

员综合素养参差不齐的特点，采取请进来、走出去的方式，每一两年举行一次全国制作单位负责人大会、每年一次的总编导组工作会议、研讨节目制作情况，及时解决节目制作中的问题。

（7）拓宽与国内外同行交流的渠道，"联合体"在与制作单位的合作协议中有一条明确的规定"节目制作方制作的节目必须有 10% 的节目获奖率"。为此总编导组每年推荐一二十部优秀节目参加"中国优秀教育电视节目""中国科教影视节目展评""北京国际科教影视 - 中国龙奖""日本赏国际科教影视奖""芬兰坦佩雷国际 A 类科教影视展评"等评奖活动，并屡获特等奖和一二等奖项，其中《身边的奥秘》系列节目还荣获上海市政府科技进步三等奖，《中国之最》获"中国优秀教育电视节目"特等奖以及"中国科教影视节目展评""北京国际科教影视—中国龙奖"一二等奖项。

由于项目运营的宗旨是通过双方共赢和多赢的模式，其版权归组织投资方，参与制作的电视媒体只要制作 3 集以上就能获得一百集的电视播出权。《身边的奥秘》系列节目一开始就采取边生产、边播出、边出版发行的方式。从 2006 年开始，先后通过电视在北京、上海、湖北、宁夏、河南、江西、吉林、山东、辽宁、新疆、甘肃等多个省市播出，直接受众上千万。

通过上海教育资源库、上海终身教育网、上海中小学德育等网络平台，供上海全市 13 万教师、150 万中小学生和部分社

338

区居民网上免费浏览；出版物被新闻出版总署列入农家书屋工程推荐书目，截至2009年底，就已经发行到全国各地近3000家"农家书屋"；其中部分节目已进入"中国国家数字科技馆""科技大篷车"科普栏目服务全国。

节目推出后，引起新华社、人民日报、光明日报上海科技报等新闻媒介的高度关注和连续报道；人民日报赞誉本片为新世纪电视版的《十万个为什么》，中国台湾、中国香港地区的同行和新加坡华语电视机构等海外媒体、联合国科教文组织亚洲媒体也主动与我们联系洽谈版权贸易事宜。在国际科教短片版权贸易领域的谈判实力得到了提升。

在实践中我们体会到，制播分离是开创科教类纪录片大发展的一条便捷、可操作性强、性价比高的新路。特别适合那些对人员场地规模控制要求高的投资方，这坚定了当时我们继续完善制播分离这一新模式的信心。

潘伟平
上海教育电视台原节目部副主任

印迹

与时俱进，创建教育电视台

在党中央教育现代化方针指导下，1993 年我考进了上海教育电视台，作为第一批绿叶人。当时，我们心里都装着要建立起一个能独立自主运行的教育电视台，但经费和条件都十分困难，在台领导的带领下，我们信心十分饱满，通过几个步骤的战斗建成了一个能拍摄、制作和播出的广播电视台，这就是上海第 26 频道教育电视台。

开播

开台播出十分重要，我们借助上海电视台帮助打响了第一炮，然后用微薄的广告收入购置了拍摄采访一体机，开始教育新闻的采访和演播。

改造

在上海教育界电视教育人士的帮助下，通过改造上海高教电化教育馆的场地。设备在阜新路 25 号 7 楼建设和改造，建立了符合广播要求的两个演播室，通过每天送录像带的方式，由上海电视台播出人员在 26 频道中代播。

创新

建立一个异地广播播出的 26 频道，对新生的上海教育电视台十分重要。在上海教育部门的支持下，用 2 个 2000 万的教育经费在台内建立起当代第一流的模拟分量演播系统，长距离的户外电视电缆传输线直接送到上海电视台的播出中心，与上海电视节目同步平行切换播送，这在全国是首创，为此我们获得了上海市科技进步奖。这也应该感谢上海电视台的真诚合作。

基础

有了上述一系列的设备基础，着手培养自己的各部门独立操作人员，对所有台内操作人员进行考核上岗和培训，建立了台一大批各种操作工程技术人员队伍，保障教育台的各类节目都能独立自主完成，而不需要外聘。

创业

随着现代教育事业的不断发展，需要建立一个教育电视基地，台领导及时组织建设上海教育电视大厦，使教育电视更上层楼，通过多方筹款，由台方组织人员根据自己的需求与建筑，

印迹

设计方案建造绿叶大厦。其特点小巧精悍，既能满足各类电教教学节目制作要求，又能达到各类教育流动互动的需求，也留有教育户外转播设备场地的余地，待以后发展而定。

时过 30 年的发展，上海教育电视台已到而立之年，坚守这个教育阵地是艰苦而不易的。时代的变迁，技术的发展，继续与时俱进，不断创新是不可改变的，夯实基础，让我们下一代能更茁壮成长，使上海教育电视台永葆青春。

王绥祥
上海教育电视台技术中心高级工程师

1999 年 11 月，位于大连路 1541 号的教视大厦竣工并投入使用，主楼高 18 层，建筑面积 19110 平方米。

1994 年 1 月 18 日，台址从四川中路 220 号迁至阜新路 25 号 8-10 楼（原址）。

90 平方米第五演播室（一楼）

500 平方米第一演播室（二楼）

220 平方米第二演播室（五楼）

120 平方米第三演播室（六楼）

印迹

380 平方米新闻演播室（七楼八楼）

2023 年 上海教育电视台建成党群之家、绿叶苑等服务设施

图书在版编目（ＣＩＰ）数据

绿叶三十年　与时代同行 / 孙向彤主编. -- 上海：
文汇出版社, 2024.2
ISBN 978-7-5496-4219-9

Ⅰ.①绿… Ⅱ.①孙… Ⅲ.①电视教育- 中国- 文集
Ⅳ.①G728.8-53

中国国家版本馆CIP数据核字(2024)第040087号

绿叶三十年 与时代同行

主　　编 / 孙向彤

责任编辑 / 邱奕霖
装帧设计 / 张　晋

出版发行 / **文匯**出版社
　　　　　上海市威海路755号　邮政编码 ：200041
经　　销 / 全国新华书店
印刷装订 / 上海颛辉印刷厂有限公司
版　　次 / 2024年2月第1版
印　　次 / 2024年2月第1次印刷
开　　本 / 889×1194 1/32
字　　数 / 200千
印　　张 / 11.25

ISBN　978-7-5496-4219-9

定　　价 / 78.00元